Steiner / Steidle
Wanderparadies Toggenburg

Fros, Wildhaus.

Marcel Steiner / Hanspeter Steidle

WANDERPARADIES TOGGENBURG

Herstellung
Buchdruckerei Wattwil AG, CH-9630 Wattwil

Routenauswahl und -beschreibung: Hanspeter Steidle
Textredaktion und Fotos: Marcel Steiner
Layout: Urs Nef

ISBN-10: 390816623-3
ISBN-13: 978-390816623-8

www.toggenburgerverlag.ch

Wil
St.Gallen
Kirchberg
Bazenheid
Gähwil
Lütisburg
Mühlrüti
Ganterschwil
Mosnang
Mogelsberg
Bütschwil
Oberhelfenschwil
Necker
Dietfurt
Dicken
Brunnadern
Libingen
St.Peterzell
Lichtensteig
Wattwil
Hemberg
Thur
Necker
Ebnat-Kappel
Ricken
Krummenau
Säntis
Ennetbühl
Neu St.Johann
Nesslau
Wildhaus
Stein
Unterwasser
Alt St.Johann
Speer
Churfirsten
Walensee

Gulmen, Wildhaus, im Hintergrund Moor und Girenspitz.

IM TOGGENBURG NEUES ENTDECKEN

Unser Wanderführer lädt Sie ein, das Toggenburg zu Fuss zu erkunden. Im Thurtal zwischen Wildhaus und Wil und im Neckertal von Hemberg bis Lütisburg finden sich Landschaften von unglaublicher Vielfalt. Eine Vielfalt, in der selbst jene, die glauben, das Toggenburg zu kennen immer wieder Neues entdecken.

Wir haben das Toggenburg in sechs Wanderregionen unterteilt: in die Region Wil, das mittlere Toggenburg von Gähwil bis Ebnat-Kappel, ins Neckertal, die Region Speer, die Region Churfirsten und die Region Alpstein. Dem Thurweg und dem Höhenweg, den beiden Weitwanderrouten, die mehrere Regionen durchqueren, sind am Schluss des Buches je ein separates Kapitel gewidmet.

Das Toggenburg ist ein Wanderparadies. Das Paradiesische besteht darin, dass die Zahl der möglichen Wanderungen auf den vom Verein Kantonal st.gallische Wanderwege bestens unterhaltenen und markierten Wander- und Bergwegen riesig ist. Eine Auswahl tut deshalb Not: Wir unterbreiten Ihnen in unserem Wanderführer 50 Vorschläge, verteilt auf die sechs Wanderregionen. Alle unsere Routenvorschläge können nach Ihren individuellen Bedürfnissen abgekürzt, erweitert oder abgeändert werden. Die vorgeschlagenen Routen verlaufen fast ausschliesslich auf offiziellen Wanderwegen und sind in der Regel ohne Vorbehalte begehbar. Auf einigen wenigen Wanderungen sind ausgesetzte Stellen zu passieren, die jedoch entsprechend gesichert sind. Darauf weisen wir speziell hin. Im oberen Toggenburg gibt es fünf touristische Bergbahnunternehmen. Bei unseren Wandervorschlägen haben wir die Benützung dieser Anlagen vorgesehen, sei es um lange Wanderungen abzukürzen oder bei Abstiegen die Gelenke zu schonen.

Die Routenauswahl haben wir so getroffen, dass sich längere und kürzere, konditonell anspruchsvollere und weniger anstrengende Touren abwechseln. Die Wandervorschläge sind als Rundtouren ausgelegt, Start und Ziel sind am selben Ort, was Anfahrt und Heimkehr wesentlich erleichtert. Alle Ausgangspunkte sind mit dem öffentlichen Verkehr erreichbar. Keine Rundtouren sind die Etap-

pen auf dem Thurweg und auf dem Höhenweg. Ausser Sie starten in Wil, wandern der Thur entlang nach Wildhaus und machen sich nach einem Ruhetag über den Höhenweg auf den Rückweg nach Wil. Für dieses grosse Toggenburger Trekking brauchen Sie zehn Tage; Sie müssen mit zirka 45 effektiven Marschstunden rechnen, während denen Sie eine Strecke von 145 Kilometern zurücklegen. Aber selbstverständlich können Sie die einzelnen Etappen sowohl des Thurwegs als auch des Höhenwegs als Tageswanderungen geniessen.

Bei der Angabe von Orts- und Flurnamen in den Kartenskizzen, Texten und Bildlegenden haben wir uns an die Schreibweise der neusten Landeskarten im Massstab 1:25 000 des Bundesamts für Landestopographie gehalten. Die Bildlegenden nennen immer zuerst den Orts- bzw. den Flurnamen, danach die Gemeinde. Nebst der Länge der Wegstrecke haben wir auch die zu überwindenden Höhenunterschiede angegeben. Dabei handelt es sich nicht nur um die Differenz zwischen dem tiefsten und höchsten Punkt der Wanderung, darin eingerechnet sind auch alle kleinen Abstiege und Gegensteigungen auf den Routen. Die Orts- und Flurnamen bei den Routenbeschreibungen sind mit der Angabe der Höhe in Meter über Meer ergänzt.

Bei den angegebenen Wanderzeiten handelt es sich um Richtzeiten. Wir haben diese nach den Grundlagen der Schweizer Wanderwege SAW berechnet. Dabei handelt es sich um effektive Marschzeiten ohne Ruhepausen und dergleichen. Unter dem Stichwort Ausrüstung beschränken wir uns auf einen Hinweis auf das geeignete Schuhwerk. Wir haben dabei die von den meisten Sportschuh-Herstellern gebrauchte Unterteilung in Freizeitschuhe, Leichtwanderschuhe, Wanderschuhe und Bergschuhe übernommen. Freizeitschuhe (Trail) sind Schuhe mit niedrigem Schaft und speziell dämpfender Sohle, Leichtwanderschuhe (Light Trekking) haben einen leichten Sohlen- und Schaftaufbau und bieten eine gute Stabilität. Wanderschuhe (Trekking) zeichnen sich durch einen stabilen, höheren Schaft und eine Profilsohle mit gutem Abrollverhalten aus. Bergschuhe (Alpin Trekking) schliesslich haben eine verstärkte Sohlenkonstruktion.

Jeder Wanderung haben wir eine Kartenskizze und ein Höhenprofil beigefügt. Zur Orientierung im Gelände ist die Skizze natürlich nicht geeignet. Sie dient dazu, dass Sie die Route bei der Planung mühelos auf eine Landkarte im Massstab 1:25 000 übertragen können. Die geeigneten Karten sind vermerkt. Was wäre eine Wanderung ohne die Einkehr in einer gemütlichen Wirtschaft? In den Ortschaften haben wir darauf verzichtet, alle Restaurants anzuführen. Verzeichnet sind die Gaststätten auf der Strecke. Die beigefügte Telefonnummer erleichtert bei der Planung die Rückfrage nach Öffnungszeiten und Ruhetagen.

Unser Wanderführer erhebt nicht den Anspruch ein Kultur- oder Naturführer zu sein. Dazu verweisen wir auf die breite Palette entsprechender Publikationen. Er will lediglich Anregung sein, das Toggenburg in seiner ausserordentlichen Vielfalt immer wieder von Neuem zu geniessen. Wir haben den Textteil zugunsten der Bilder bewusst knapp gehalten und hoffen, damit den bildverwöhnten Augen der Leserinnen und Lesern entgegenzukommen. Wir wünschen Ihnen viel Vergnügen mit unserem Wanderführer und viele erlebnisreiche Wanderungen im Toggenburg.

Marcel Steiner
Hanspeter Steidle

September 2006

Wil, Stadtweiher.

KURZER ABSTECHER IN DEN KANTON THURGAU

Wil – Maugwil – Bettwiesen – Dreibrunnen – Wil

Auf der Wanderung im untersten Teil des Toggenburgs führen die Wege durch Auen, über Wiesen, oft durch Wälder. Vom Ausgangspunkt Bahnhof Wil gehts zuerst durch die reizvolle Altstadt. Auch ausserhalb der Stadt wandern wir abschnittweise auf Asphaltstrassen.

Start und Ziel:	Wil
Wanderzeit:	3 1/4 Stunden
Weglänge:	12,6 km
Höhenunterschiede:	300 m
Ausrüstung:	Freizeitschuhe
Gaststätten:	in Wil und Bettwiesen
	Dreibrunnen: Rest. Pilgerhaus, 071 911 02 20
Parkplätze:	in Parkhäusern rund um den Bahnhof Wil
Kartenmaterial:	Landeskarte 1:25 000 Wil (Blatt 1073)
	Wanderkarte 1:25 000 Wil und Umgebung (Blatt 2595)

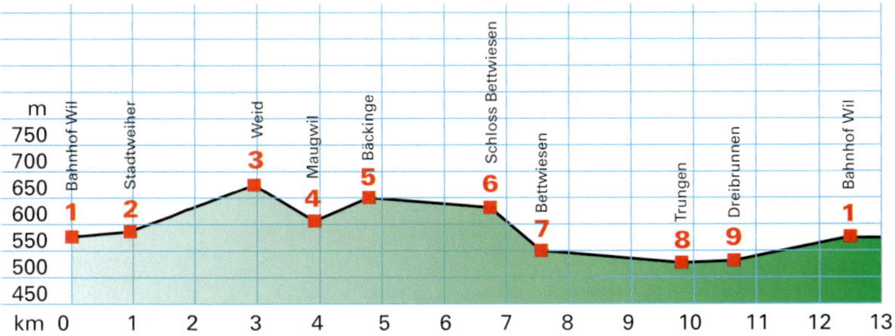

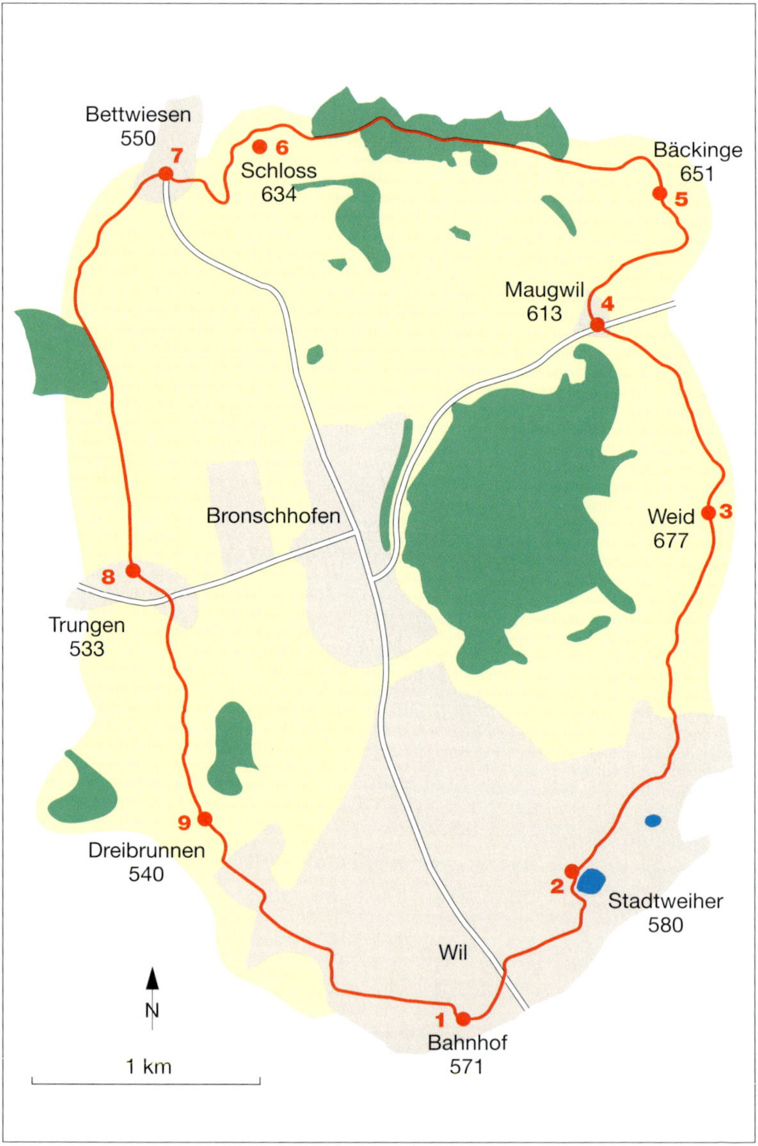
Bettwiesen
550
7
6
Schloss
634
Bäckinge
651
5
Maugwil
613
4
Bronschhofen
Weid
677
3
8
Trungen
533
9
Dreibrunnen
540
2
Stadtweiher
580
Wil
N
1
Bahnhof
571
1 km

1 Wil, Bahnhof, 571. Wir spazieren durch die Stadt zum Stadtweiher.

2 Stadtweiher, 580. Wir verlassen den Park in nördlicher Richtung.

3 Weid, 677. Beim Muggenbüel halten wir links und erblicken Maugwil.

4 Maugwil, 613. Im Dorf überqueren wir die Autostrasse und halten weiter nordwärts.

5 Bäckinge, 651. Für kurze Zeit haben wir den Kanton St. Gallen verlassen und wandern auf Thurgauer Wanderwegen durch den Wald nach Bettwiesen.

6 Schloss Bettwiesen, 634. Das Schloss aus dem 16. Jahrhundert gehörte früher zu den Gütern des Klosters Fischingen. Heute befindet es sich in Privatbesitz.

7 Bettwiesen, 550. Ab Bettwiesen wandern wir

Wil.

Wil, Altstadt.

Bäckinge, Braunau TG.

Schloss Bettwiesen.

südwärts. Abwechslungsreicher Weg durch offenes Gelände.

8 Trungen, 533. Beim Trungner Holz ist unser Abstecher ins Thurgauische zu Ende und wir betreten wieder den Kanton St.Gallen. Linkerhand sehen wir den grossen Motorfahrzeugpark der Armee.

9 Dreibrunnen, 540. Die Wallfahrtskirche Maria Dreibrunnen ist weit über die Region hinaus bekannt. Die barocke Kapelle kann auf eine über siebenhundert Jahre alte Geschichte zurückblicken und stellt ein Kulturdenkmal von nationaler Bedeutung dar. Sie ist im Besitz der Katholischen Kirchgemeinde Wil.

Durch die ersten Häuser von Wil wandern wir auf der Strasse zum Bahnhof zurück.

Gottvater in der Kapelle.

Wallfahrtskirche Maria Dreibrunnen, Bronschhofen.

Ägelsee, Wilen TG.

PRÄCHTIGES RIEDGEBIET ÄGELSEE

Wil – Rooset – Littenheid – Wilen – Wil

Abwechslungsreiche Wanderung mit nur kleinen Höhendifferenzen und Ausblicken in den Kanton Thurgau und ins Toggenburg. Bis man offenes Gelände und Wälder erreicht, führt der Wanderweg auf dem Hin- und Rückweg auf Asphaltstrassen durch urbanes Gebiet.

Start und Ziel:	Wil
Wanderzeit:	3 1/2 Stunden
Weglänge:	13,4 km
Höhenunterschiede:	250 m
Ausrüstung:	Freizeitschuhe
Gaststätten:	in Wil, Wiezikon, Littenheid und Wilen
Parkplätze:	in Parkhäusern rund um den Bahnhof Wil
Kartenmaterial:	Landeskarte 1:25 000 Wil (Blatt 1073) Wanderkarte 1:25 000 Wil und Umgebung (Blatt 2595)

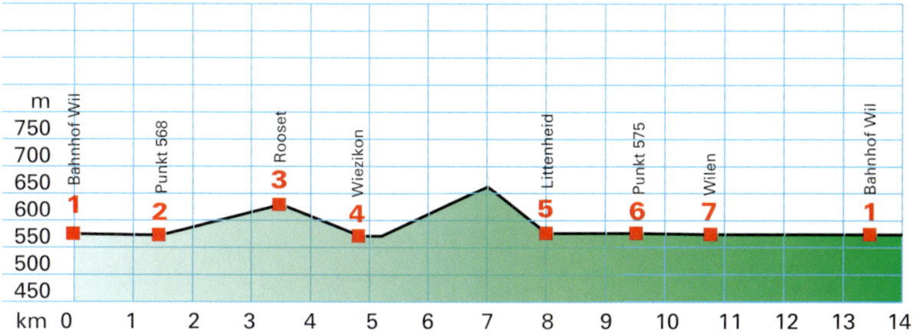

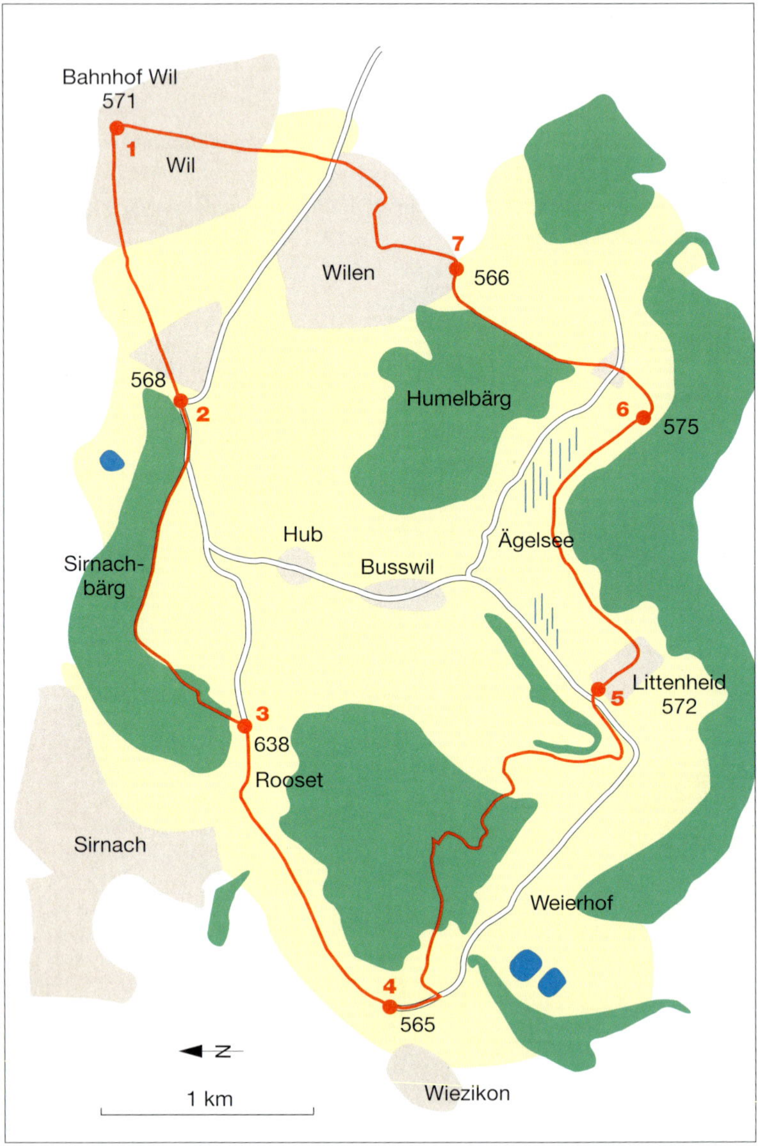

Bahnhof Wil
571
1
Wil
Wilen
7
566
568
2
Humelbärg
6
575
Hub
Ägelsee
Sirnach-
bärg
Busswil
Littenheid
572
5
3
638
Rooset
Sirnach
Weierhof
4
565
N
1 km
Wiezikon

1 Wil, Bahnhof, 571. Nach der Bahnhofunterführung halten wir rechts, überqueren nach einem Kilometer die Autobahn und erreichen bei Punkt 568 den Sirnachbärg.

2 Punkt 568. Durch den Wald und dem Waldrand entlang gehts weiter Richtung Rooset.

3 Rooset, 638. Nach 300 m auf der Hauptstrasse gehen wir an einem markanten Wegkreuz vorbei und zweigen wenig später links Richtung Wiezikon ab.

4 Wiezikon, 565. Der Weg mündet östlich des Dorfes in die Hauptstrasse. Nach zweihundert Metern führt der Weg nach links von der Strasse weg und steigt gegen den Wald hinan.

5 Littenheid, 572. Littenheid ist eine Privatklinik für Psychiatrie und Psychotherapie in Form eines Klinikdorfes. Wir wandern am Waldrand dem Riedgebiet Ägelsee entlang.

6 Punkt 575. Am Weiler Ägelsee und am Hummelbärg vorbei gelangen wir nach Wilen.

7 Wilen, 566. Von Wilen kehren wir auf Asphaltstrassen zum Bahnhof Wil zurück.

Wil.

Littenheid, Sirnach TG.

Rooset, Sirnach TG.

Thurau, Wil.

EINKEHR IN DER AUTOBAHNRASTSTÄTTE

Wil – Züberwangen – Weieren – Wil

Eine gemütliche Wanderung durch die Äbtestadt, dann durch Waldgelände nach Züberwangen und schliesslich der Thur und der Autobahn entlang zurück nach Wil. Schon fast als Kuriosität bietet sich auf dieser Wanderung Gelegenheit, als Wanderer in einer Autobahnraststätte einzukehren.

Start und Ziel:	Wil
Wanderzeit:	2 3/4 Stunden
Weglänge:	11 km
Höhenunterschiede:	150 m
Ausrüstung:	Freizeitschuhe
Gaststätten:	in Wil und Züberwangen
Parkplätze:	in Parkhäusern rund um den Bahnhof Wil
Kartenmaterial:	Landeskarte 1:25 000 Bischofszell (Blatt 1074)
	Landeskarte 1:25 000 Wil (Blatt 1073)
	Wanderkarte 1:25 000 Wil und Umgebung (Blatt 2595)

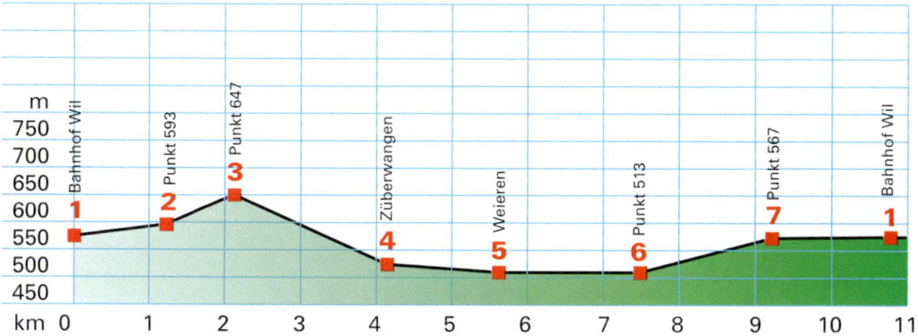

Weieren
513
5
Autobahnraststätte
Thurau
4
527
Züberwangen
Thurauen
6
513
3
647
7
567
Autobahn
Thur
2
593
Wil
1
Bahnhof Wil
571
N
1 km

1 Wil, Bahnhof, 571. Wir wandern am Stadtweiher vorbei und verlassen die Stadt.

2 Punkt 593. Der Weg führt in östlicher Richtung durch Wohnquartiere leicht steigend bis zum Waldrand.

3 Punkt 647. Wir betreten die Wälder des Nieselbergs und steigen nach Züberwangen hinunter.

4 Züberwangen, 527. Wir durchqueren das Dorf Richtung Weieren.

5 Weieren 513. Von der Hauptstrasse zweigt der Weg im Dorfkern nach Süden in Richtung Thur ab. Der Wanderweg führt an der Autobahnraststätte Thurau vorbei. Wer will, kann dort einkehren. Dann geht es zwei Kilometer einer schnurgeraden Feldstrasse entlang. In dem Projekt «Thurauen Wil–Weieren» will der Kanton St.Gallen bis ins Jahr 2035 den Lauf der Thur renaturieren.

6 Punkt 513. Nach einem 150 m langen Waldweg wandern wir dem Waldrand entlang und durchqueren den Weidliwald.

7 Punkt 567. Ab hier kehren wir auf Asphaltstrassen zum Bahnhof Wil zurück.

Wil, Altstadt.

Nieselberg, Bronschhofen.

Züberwangen.

Jonschwil.

FÜR TIER- UND PFLANZENFREUNDE

Jonschwil – Bettenauer Weier – Jonschwil

Wanderung durch eine idyllische Landschaft um den Bettenauer Weier herum, bis an den westlichen Rand von Oberuzwil und über den Dietelsberg nach Jonschwil zurück. Flora und Fauna um und auf dem Bettenauer Weier sind für Kinder und Erwachsene gleichermassen interessant.

Start und Ziel:	Jonschwil
Wanderzeit:	1 3/4 Stunden
Weglänge:	6,4 km
Höhenunterschiede:	150 m
Ausrüstung:	Freizeitschuhe
Gaststätten:	in Jonschwil beim Bettenauer Weier an der Hauptstrasse: Rest. Schützenhaus, Tel. 071 951 54 47
Parkplätze:	in Jonschwil
Kartenmaterial:	Landeskarte 1:25 000 Bischofszell (Blatt 1074) Landeskarte 1:25 000 Degersheim (Blatt 1094) Landeskarte 1:25 000 Wil (Blatt 1073) Wanderkarte 1:25 000 Wil und Umgebung (Blatt 2595)

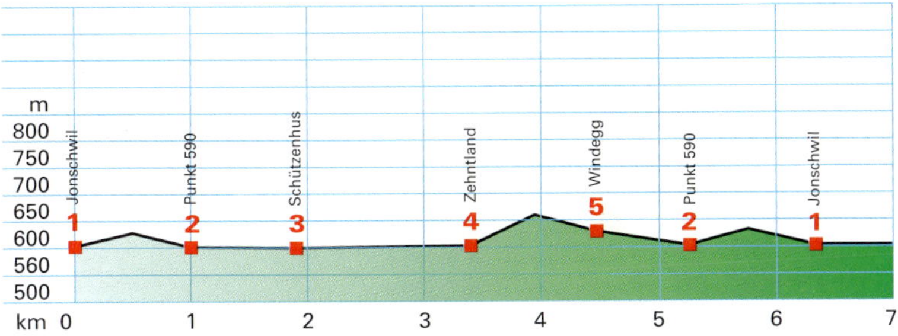

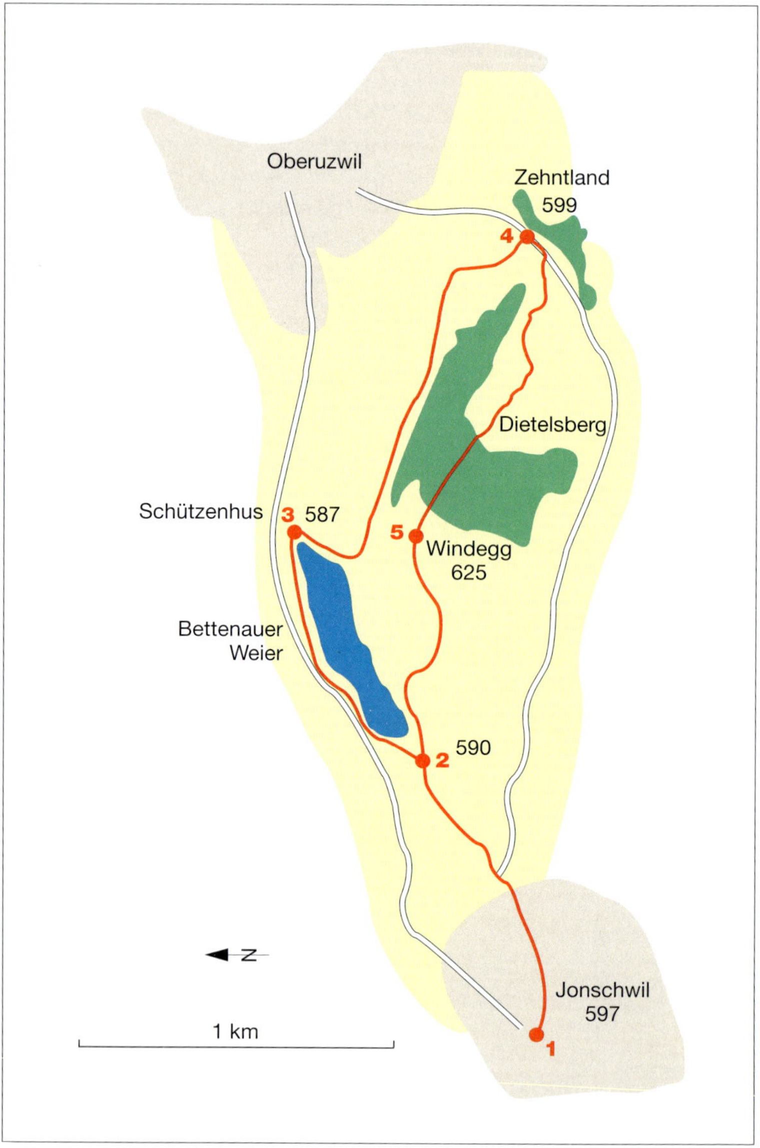
Oberuzwil
Zehntland
599
4
Dietelsberg
Schützenhus
3
587
5
Windegg
625
Bettenauer
Weier
590
2
Z
Jonschwil
597
1 km
1

1 Jonschwil, 597. Auf einer Nebenstrasse wandern wir Richtung Bettenauer Weier.

2 Punkt 590. Wir wählen den Weg links um den Weiher herum. Der Bettenauer Weier wurde 1463 von Fürstabt Ulrich aus St.Gallen erworben und diente dem Stift vor allem als Fischweiher. Seit 1912 ist das ganze Areal im Besitz der Firma Bühler AG in Uzwil. Bei der 1929 von den beiden politischen Gemeinden Oberuzwil und Jonschwil vorgenommenen Grenzbereinigung, wurde die ganze Weiheranlage Oberuzwil zugefügt.

3 Schützenhus, 587. Einkehrmöglichkeit im Restaurant Schützenhaus. Wir gehen der Stirnseite des Weihers entlang, halten links und wandern dem Waldrand entlang Oberuzwil zu.

4 Zehntland, 599. Einmündung in die Hauptstrasse nach Oberuzwil. Wir folgen gut 300 Meter der Hauptstrasse in südöstlicher Richtung, bis der Wanderweg links Richtung Dietelsberg ansteigt.

5 Windegg, 625. Schöner Blick auf den ganzen Weiher. Wir kehren zu Punkt 590 zurück, von wo derselbe Weg zum Ausgangspunkt in Jonschwil zurückführt.

Stockente.

Kolbenente.

Stockentenpaar.

Bettenauer Weier, Oberuzwil.

Stockente.

Gähwil, im Hintergrund rechts die St. Iddaburg.

AUF DEN SPUREN DER HEILIGEN IDDA

Gähwil – St.Iddaburg – Gähwil

Viele Wanderwege führen von Gähwil zum bekannten Wallfahrtsort St.Iddaburg. Die Wallfahrtskapelle sowie ein Restaurant stehen auf dem höchsten Punkt der Hügelkette auf 966 m. Der ein Kilometer lange Stationenweg ist ein steiler Weg südlich des Wallfahrtsorts.

Start und Ziel:	Gähwil
Wanderzeit:	2 Stunden
Weglänge:	7,1 km
Höhenunterschiede:	270 m
Ausrüstung:	Leichtwanderschuhe
Gaststätten:	Gasthaus Iddaburg, 071 931 12 12
	Restaurants in Gähwil
Parkplätze:	in Gähwil
Kartenmaterial:	Landeskarte 1:25 000 Hörnli (Blatt 1093)
	Wanderkarte 1:25 000 Wil und Umgebung (Blatt 2595)

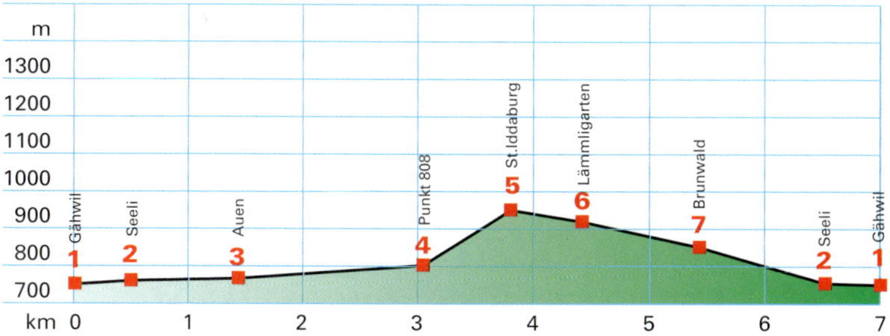

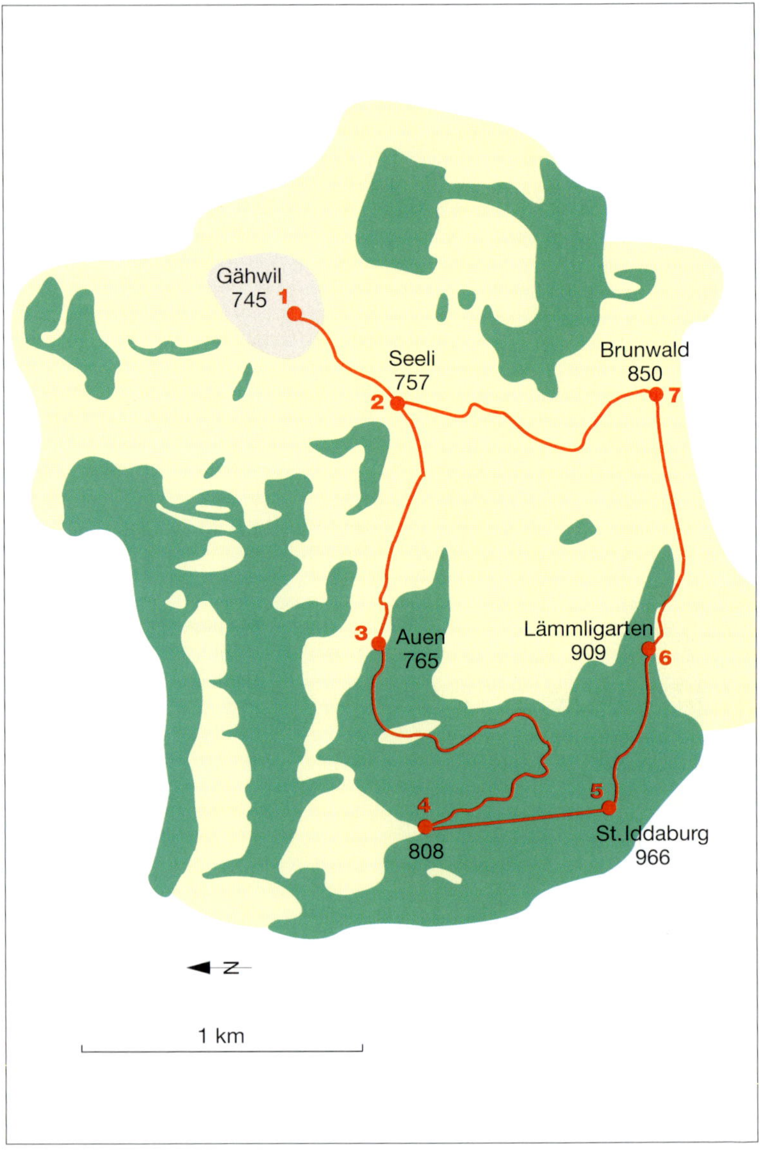

Gähwil
745
1
Seeli
757
2
Brunwald
850
7
3
Auen
765
Lämmligarten
909
6
4
808
5
St. Iddaburg
966
N
1 km

1 Gähwil, 745. Wir verlassen das Dorf auf der Strasse in südwestlicher Richtung.

2 Seeli, 757. Nach 200 Metern rechts halten.

3 Auen, 765. Links in den Wald eintreten.

4 Punkt 808. Beim Wegkreuz den Gratweg nordwärts wählen.

5 St.Iddaburg, 966. Der Wallfahrtsort wurde 1861 von Pfarrer Josef Anton Wäspi begründet. Nach der Legende hatte auf der Burg Alttoggenburg im 12. Jahrhundert Idda von Toggenburg gelebt. Sie war von ihrem Mann ungerechtfertigterweise des Ehebruchs bezichtigt und über die Burgmauer in die Tiefe gestossen worden. Sie überlebte den Sturz und widmete sich fortan einem asketischen, Gott geweihten Leben.

6 Lämmligarten, 909. Es geht geradeaus weiter.

7 Brunwald, 850. Auf einem Wiesenweg kehren wir nach Gähwil zurück.

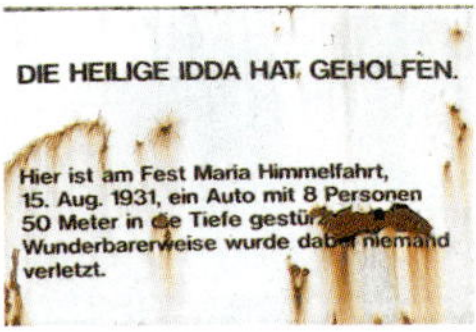

St.Iddaburg, Kirchberg.

St.Iddaburg, Lourdesgrotte.

St. Iddaburg, Kirchberg.

Tufertschwil.

AN WINDRÄDLI VORBEI AUF DEN WINZENBERG

Tufertschwil – Winzenberg – Wildberg – Tufertschwil

Eine abwechslungsreiche Rundwanderung für die ganze Familie, die ein Stück weit dem Windrädliweg entlang führt. Dieser wurde 1999 aus Anlass des Jubiläums 1150 Jahre Rindal-Lütisburg erstellt. Über dreissig Windrädli stellen Berufe dar und kommt eine Brise auf, so hauchen die Windrädli den Installationen Leben ein.

Start und Ziel:	Tufertschwil
Wanderzeit:	3 3/4 Stunden
Weglänge:	12,1 km
Höhenunterschiede:	550 m
Ausrüstung:	Freizeitschuhe oder Leichtwanderschuhe
Gaststätten:	Landgasthof Rössli, Tufertschwil, 071 932 01 00
	Rest. Frohe Aussicht, Winzenberg, 071 931 12 38
	Restaurants in Oberrindal
	Restaurant Wildberg, 071 923 30 40
Parkplätze:	in Tufertschwil
Kartenmaterial:	Landeskarte 1:25 000 Degersheim (Blatt 1094)
	Landeskarte 1:25 000 Hörnli (Blatt 1093)
	Wanderkarte 1:25 000 Wil und Umgebung (Blatt 2595)

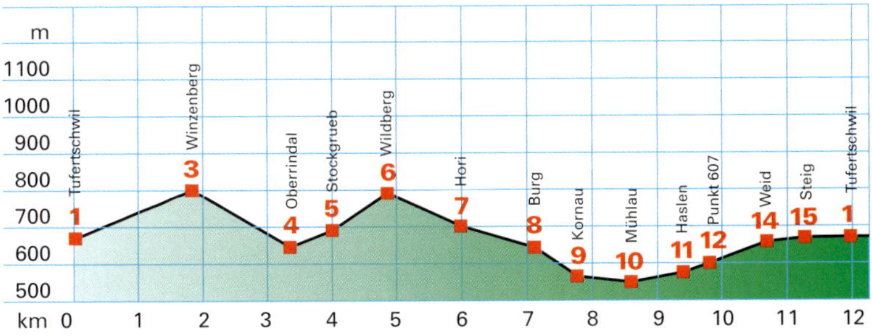

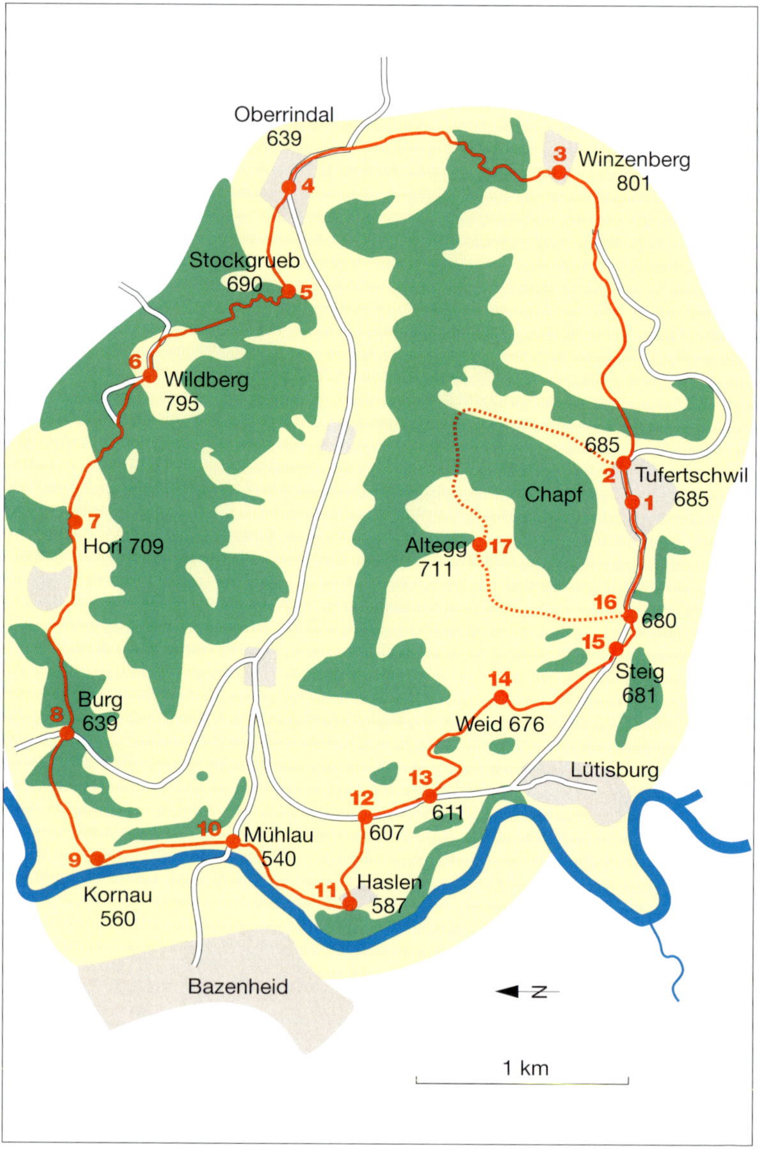
Oberrindal
639
3
Winzenberg
801
4
Stockgrueb
690
5
6
Wildberg
795
685
2
Tufertschwil
Chapf
1
685
7
Hori 709
Altegg
711
17
16
680
15
Steig
681
14
Weid 676
8
Burg
639
Lütisburg
13
12
611
607
10
Mühlau
540
9
11
Haslen
587
Kornau
560
Bazenheid
N
1 km

1 Tufertschwil, 685. Wir verlassen das Dorf ostwärts.

2 Punkt 2. Abzweigung zum kleinen Windrädliweg. Dieser führt um den Chapf über Altegg nach Tufertschwil zurück (Wanderzeit ³/₄ Stunden).

3 Winzenberg, 801. Schöner Aussichtspunkt. Durch das Sacktobel steigen wir nach Oberrindal hinunter.

4 Oberrindal, 639. Nach dem Dorf rechts halten.

5 Stockgrueb, 690. Nach der Stockgrueb gehts durch den Wald steil auf den Wildberg.

6 Wildberg, 795. Nach der Anstrengung des Aufstiegs lockt in der Wirtschaft eine kleine Erfrischung.

7 Hori, 709. Durch Wälder und über Wiesen erreichen wir Hori.

8 Burg, 639. Kurzes Stück auf der Autostrasse.

Winzenberg, Lütisburg.

Winzenberg, Lütisburg.

Oberrindal, Jonschwil, Kapelle Maria-Trost.

Thur bei Mühlau, Lütisburg.

9 Kornau, 560. In der Talsohle nähern wir uns der Thur und wandern flussaufwärts.

10 Mühlau, 540. An einem Fabrikareal vorbei gehts weiter nach Haslen.

11 Haslen, 587. Der Wanderweg führt hinauf zur Autostrasse.

12 Punkt 607. Rechts halten und zweihundert Meter der Autostrasse folgen.

13 Punkt 13. Nach links bergwärts auf den Wanderweg einbiegen.

14 Weid, 676. Schöner Blick auf Lütisburg und die Thur.

15 Steig, 681. Blick über schroffe Felsabbrüche auf den Necker.

16 Punkt 16. Hier mündet der kleine Windrädliweg in unsere Route. Auf der Strasse erreichen wir den Ausgangspunkt in Tufertschwil.

Oberrindal, Jonschwil.

Tufertschwil, Windrädliweg.

Drahtsteg über die Thur bei Bütschwil.

AUF DEM DRAHTSTEG ÜBER DIE THUR

Bütschwil – Ganterschwil – Bütschwil

In der Nähe von Bütschwil erwarten gleich zwei Attraktionen die Wanderer. Es ist dies zum einen der von der Armee erstellte, beim Begehen leicht schwankende Drahtsteg über die Thur und die ehemalige Einsiedelei im Bruedertöbeli, wo unter ausgewaschenen Nagelfluhrippen attraktive Picknickplätze zu finden sind.

Start und Ziel:	Bütschwil
Wanderzeit:	3 Stunden
Weglänge:	10 km
Höhenunterschiede:	370 m
Ausrüstung:	Freizeitschuhe
Gaststätten:	in Bütschwil, Ganterschwil, Äwil, Oberhelfenschwil und Dietfurt
Parkplätze:	beim Bahnhof Bütschwil
Kartenmaterial:	Landeskarte 1:25 000 Degersheim (Blatt 1094) Landeskarte 1:25 000 Hörnli (Blatt 1093) Wanderkarte 1:25 000 Wil und Umgebung (Blatt 2595)

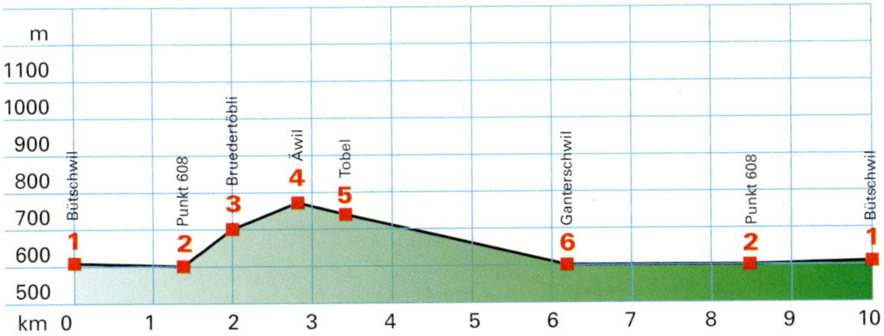

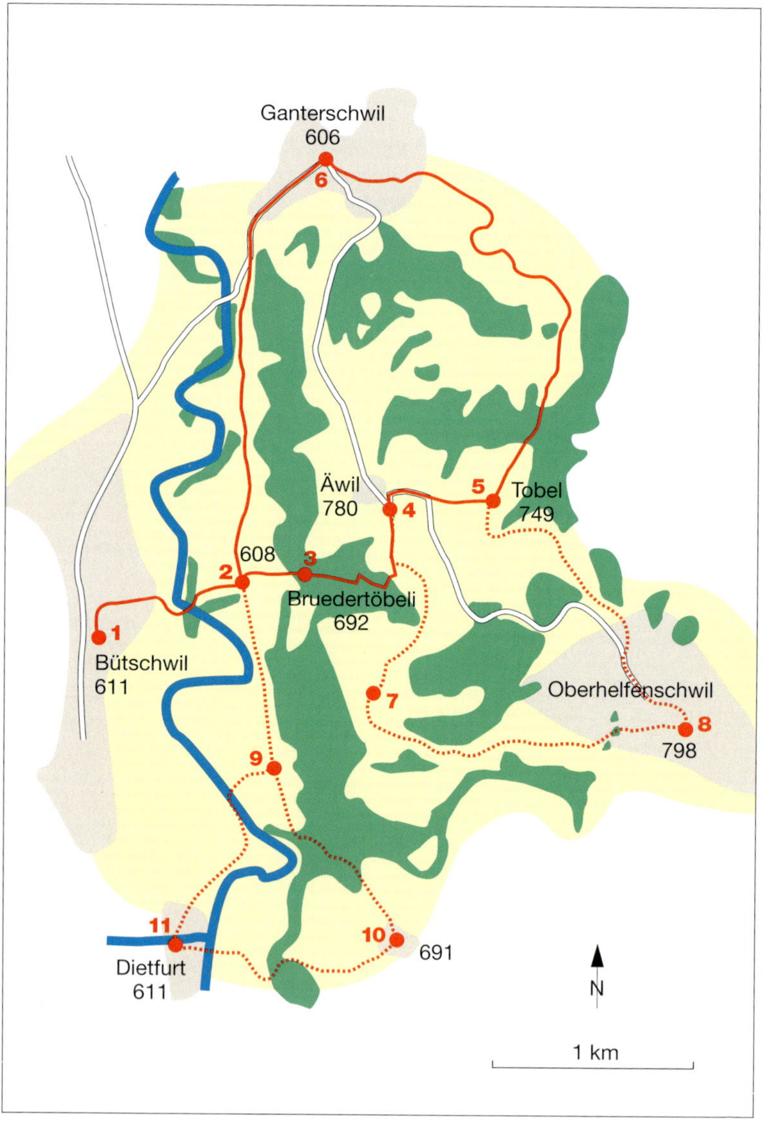
Ganterschwil
606
6
Äwil
780
4
5
Tobel
749
608
3
2
Bruedertöbeli
692
1
Bütschwil
611
7
Oberhelfenschwil
8
798
9
11
10
691
Dietfurt
611
N
1 km

1 Bütschwil, 611. Wir steigen zur Thur hinunter und überqueren den Fluss auf einem vom Militär erstellten Drahtsteg.

2 Punkt 608. Wir halten kurz nach links und biegen nach wenigen Metern nach rechts zur Kapelle ab.

3 Bruedertöbeli, 692. Von 1375 bis 1865 existierte im Bruedertobel eine Einsiedelei. 1806 soll hier ein Luzerner für die Kinder der umliegenden Gemeinden Schulunterricht erteilt haben. Heute wird der geschützte Platz unter dem Felsen von Jung und Alt gerne zum Picknicken benützt. Der Weg führt das Tobel hinauf nach Äwil.

4 Äwil, 780. Wir verlassen den Weiler in westlicher Richtung.

5 Tobel, 749. Wir wählen die Abzweigung Richtung Norden und wandern über offenes Gelände hinunter nach Ganterschwil.

Oberhelfenschwil.

Wigetshof, Oberhelfenschwil.

Ganterschwil.

Dietfurt.

Dietfurt.

6 Ganterschwil, 608. Auf dem Trottoir der Autostrasse gehts zur Thur zurück. Vor der neuen gedeckten Holzbrücke biegen wir links ab und gelangen der Thur entlang zur Bruedertöbeli-Kapelle bei Punkt 608. Von hier kehren wir über den Drahtsteg zum Ausgangspunkt beim Bahnhof Bütschwil zurück.

Bruedertöbeli.

Variante über Oberhelfenschwil
1 – 2 – 3 – 4 – 5 – 8 – 7 – 3 – 2 – 1
Wanderzeit: 2 3/4 Stunden

Variante Bütschwil – Dietfurt – Bütschwil
1 – 2 – 9 – 10 – 11 – 9 – 2 – 1
Wanderzeit: 2 1/4 Stunden

Bruedertöbeli.

Bruedertöbeli, Ganterschwil.

Burgruine Neutoggenburg, Oberhelfenschwil, Blick auf die Wasserfluh.

HISTORISCH BEDEUTSAMER AUSSICHTSPUNKT

Lichtensteig – Ruine Neutoggenburg – Lichtensteig

Die Wanderung zur Ruine Neutoggenburg ist ein besonderes Erlebnis. Die Neutoggenburg wurde vermutlich zu Beginn des 13. Jahrhunderts errichtet. Nach dem Verkauf der Grafschaft Toggenburg an das Kloster St.Gallen 1468 begann ihr Zerfall. Die Ruine steht auf Gemeindegebiet von Oberhelfenschwil und ist im Besitz der Ortsbürgergemeinde Lichtensteig.

Start und Ziel:	Lichtensteig
Wanderzeit:	2 3/4 Stunden
Weglänge:	7,8 km
Höhenunterschiede:	500 m
Ausrüstung:	Leichtwanderschuhe
Gaststätten:	in Lichtensteig
Parkplätze:	in Lichtensteig und auf der Wasserfluh-Passhöhe
Kartenmaterial:	Landeskarte 1:25 000 Degersheim (Blatt 1094) Landeskarte 1:25 000 Hörnli (Blatt 1093) Wanderkarte 1:25 000 Mittleres Toggenburg–Gasterland (Blatt 2513)

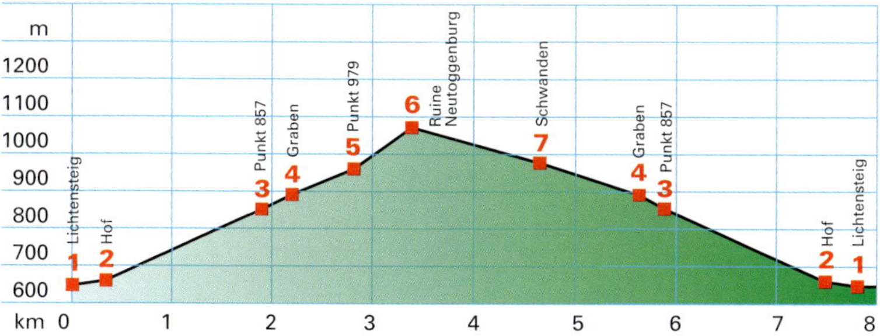

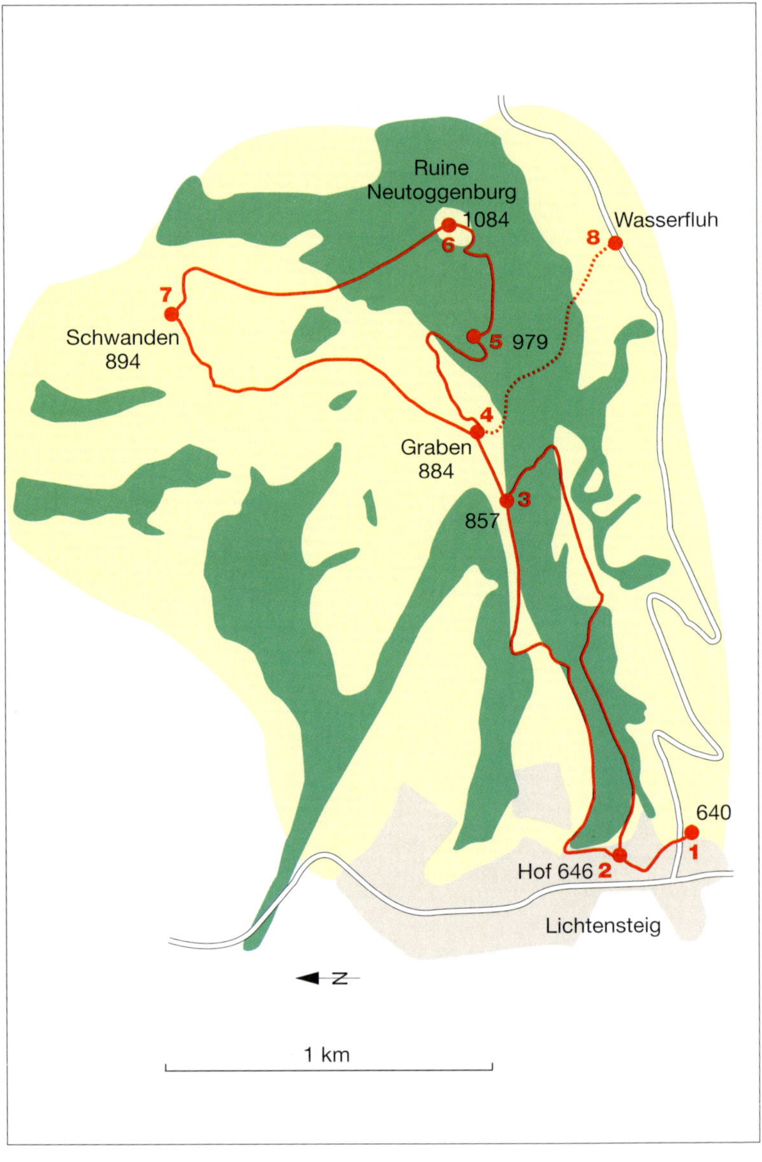
Ruine
Neutoggenburg
1084
6
8
Wasserfluh
7
Schwanden
894
5
979
4
Graben
884
3
857
640
1
Hof 646
2
Lichtensteig
N
1 km

1 Lichtensteig, 640. Wir verlassen das Städtchen in nördlicher Richtung

2 Hof, 646. Abzweigung des Wegs in den Wald. Der Aufstieg durch den Wald wird vor allem an heissen Tagen geschätzt.

3 Punkt 3. Die beiden von Lichtensteig herführenden Wege kommen zusammen.

4 Graben, 884. Das Strässchen aufwärts Richtung Waldrand wählen.

5 Punkt 5. Der Fussweg zweigt nach rechts ab und schlängelt sich zur Ruine Neutoggenburg empor.

6 Ruine Neutoggenburg, 1084. Wir verlassen das Burgareal nordwärts.

7 Schwanden, 894. Auf der Strasse zurück nach Graben. Von hier aus kehren wir auf demselben Weg zurück ins Städtchen Lichtensteig, wobei ab Punkt 3 der beim Aufstieg nicht gewählte Weg begangen werden kann.

Wegvariante ab Wasserfluh:
8 – 4 – 5 – 6 – 7 – 4– 8
Wanderzeit: 1 3/4 Stunden

Lichtensteig.

Graben, Oberhelfenschwil.

Burgruine Neutoggenburg, Oberhelfenschwil.

Burgruine Neutoggenburg.

Köbelisberg, Wattwil.

LOHNENDER AUFSTIEG ZUM KÖBELISBERG

Wattwil – Köbelisberg – Wattwil

Von Wattwil aus steigt man 533 Meter in die Höhe, um den beliebten Aussichtspunkt Köbelisberg zu erreichen. Vom Köbelisberg gehts auf einem Rundweg mit prächtigen Ausblicken ins Toggenburg und auf die Churfirsten zurück nach Wattwil.

Start und Ziel:	Wattwil
Wanderzeit:	4 Stunden
Weglänge:	11,7 km
Höhenunterschiede:	630 m
Ausrüstung:	Leichtwanderschuhe
Gaststätten:	in Wattwil
	Bergrestaurant Köbelisberg, 071 988 15 01
	Restaurant Churfirsten, Scherrer, 071 988 12 84
Parkplätze:	beim Bahnhof Wattwil
Kartenmaterial:	Landeskarte 1:25 000 Nesslau (Blatt 1114)
	Landeskarte 1:25 000 Ricken (Blatt 1113)
	Wanderkarte 1:25 000 Mittleres Toggenburg–Gasterland (Blatt 2513)

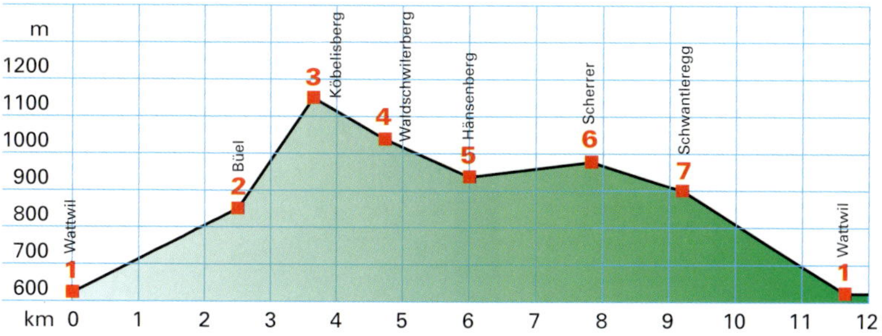

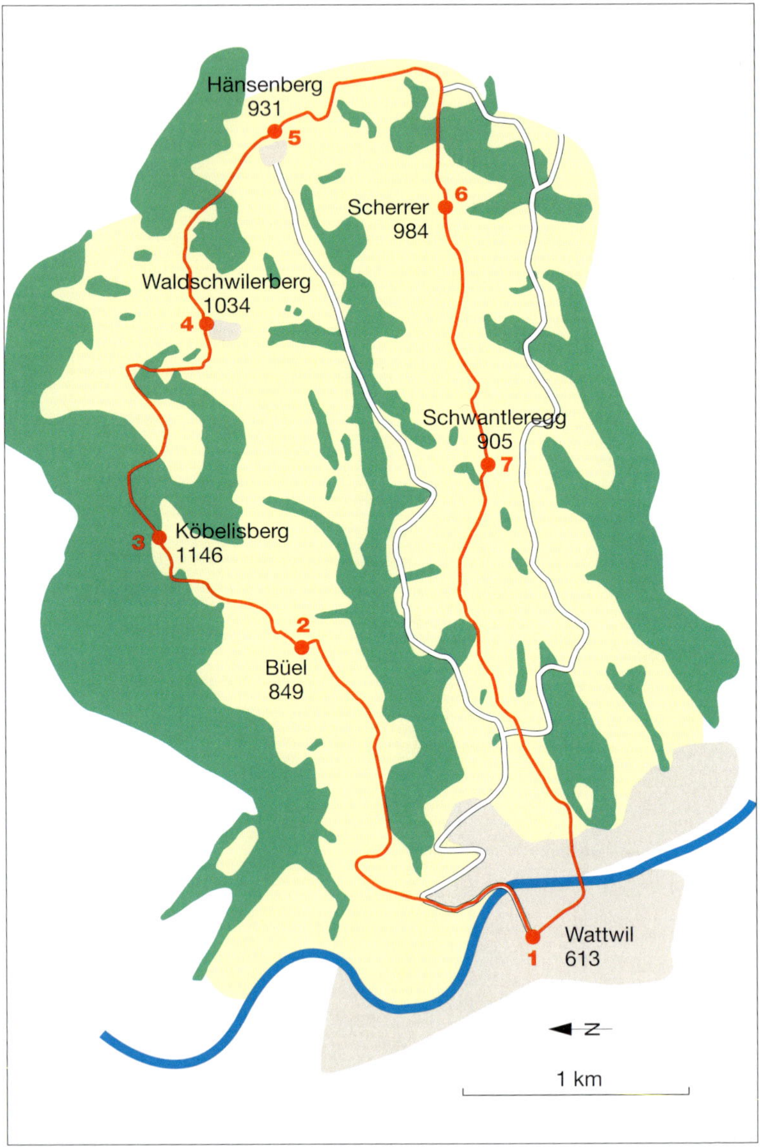
Hänsenberg
931
5
6
Scherrer
984
Waldschwilerberg
1034
4
Schwantleregg
905
7
3
Köbelisberg
1146
2
Büel
849
Wattwil
613
1
N
1 km

1 Wattwil, 613. Wir überqueren die Thur auf dem neuen Fussgängersteg, erreichen auf der Hauptstrasse die evangelische Kirche und steigen unterhalb des Altersheims Risi bergan.

2 Büel, 849. Wir haben das urbane Gebiet hinter uns gelassen, wandern durch offenes Gelände und geniessen den Blick auf den Toggenburger Hauptort.

3 Köbelisberg, 1146. Aussicht über das mittlere Toggenburg und auf die Churfirsten. Ebenaus gehts in westlicher Richtung weiter.

4 Waldschwilerberg, 1034. Geradeaus weiter.

5 Hänsenberg, 931. Wir leisten uns den Umweg über den Scherrer, um dort einzukehren.

6 Scherrer, 984. Über Wiesenwege steigen wir zur Schwantleregg ab.

7 Schwantleregg, 905. Wir setzen den Abstieg fort und erreichen beim ehemaligen Heberlein-Areal unseren Ausgangsort Wattwil.

Hänsenberg, Wattwil.

Hänsenberg, Wattwil.

Scherrer, Wattwil.

Wattwil mit Kloster St.Maria der Engel.

Mosnang.

360-GRAD-PANORAMA ÜBER MOSNANG

Mosnang – Schlosshöchi – Mosnang

Die Toggenburger Hügellandschaft wird auf einer abwechslungsreichen Wanderroute intensiv erlebt. Die Wanderung auf die Schlosshöchi führt mehrheitlich durch offenes Gelände und durch Trockenwiesen und -weiden von regionaler Bedeutung. Auf der Schlosshöchi geniesst man einen phantastischen Rundblick.

Start und Ziel:	Mosnang
Wanderzeit:	3 Stunden
Weglänge:	9,3 km
Höhenunterschiede:	540 m
Ausrüstung:	Wanderschuhe
Gaststätten:	in Mosnang
Parkplätze:	in Mosnang
	Wiesen: Restaurant Schäfle, 071 983 16 22
Kartenmaterial:	Landeskarte 1:25 000 Hörnli (Blatt 1093)
	Wanderkarte 1:25 000 Wil und Umgebung (Blatt 2595)

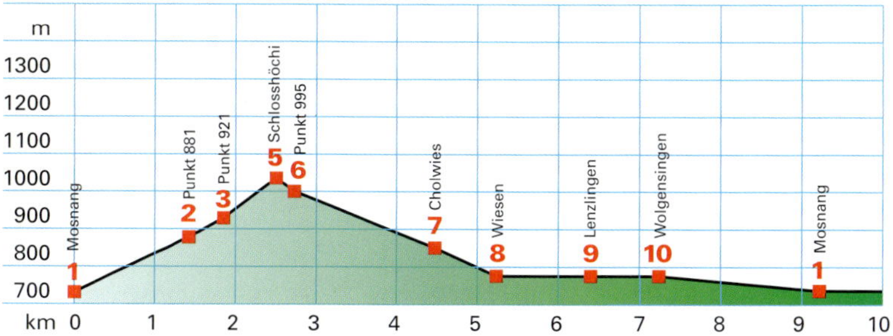

Mosnang
1
726
2
881
3
921
4
6
995
5
Schlosshöchi
1033
Wolgensingen
773
10
Lenzlingen
9
772
7
Cholwies
850
8
Wiesen
772
N
1 km

1 Mosnang, 726.
2 Punkt 881. Wir halten westwärts.
3 Punkt 921. Wegkreuzung, den Weg südwärts ansteigend wählen.
4 Punkt 4. Abzweigung zur Schlosshöchi. Der vor uns liegende Aussichtspunkt ist in wenigen Minuten erreicht.
5 Schlosshöchi, 1033. Ein 360°-Panorama-Punkt mit Sitzbänken und Feuerstelle.
6 Punkt 995. Rechts Richtung Wiesen abzweigen.
7 Cholwies, 850. Nordwärts nach Wiesen.
8 Wiesen, 772. Einkehrmöglichkeit im Restaurant Schäfle. Auf der Strasse gehts weiter am Weiher in Sägeten vorbei nach Lenzlingen.
9 Lenzlingen, 772. Durch Wälder und Wiesen führt der Weg ebenaus.
10 Wolgensingen, 773. Auf einem schönem Weg über Haaggen erreichen wir den Ausgangspunkt Mosnang.

Sägeten, Mosnang.

Wiesen, Mosnang.

Schlosshöchi, Mosnang.

Schnebelhorn, Mosnang.

DER HÖCHSTE PUNKT DES KANTONS ZÜRICH

Libingen – Schnebelhorn – Libingen

Auf dem Schnebelhorn stellt der Kanton Zürich seinen östlichen Fuss ins Toggenburg. Der Gipfel ist der höchste Punkt des Kantons Zürich und liegt auf der Grenze der Gemeinden Fischenthal und Mosnang. Der Punkt mit Gipfelkreuz bietet eine vorzügliche Rundsicht ins Toggenburg, ins Zürcher Oberland und über die sanften Thurgauer Hügelzüge bis hin zum Bodensee.

Start und Ziel:	Libingen
Wanderzeit:	4 1/4 Stunden
Weglänge:	11,5 km
Höhenunterschiede:	780 m
Ausrüstung:	Wanderschuhe
Gaststätten:	in Libingen
	Bergwirtschaft Meiersalp, 071 983 11 79
	Bergwirtschaft Tierhag, 055 245 12 23
	Bergwirtschaft Schindelberg, 055 284 11 37
Parkplätze:	in Libingen
Kartenmaterial:	Landeskarte 1:25 000 Hörnli (Blatt 1093)
	Landeskarte 1:25 000 Ricken (Blatt 1113)

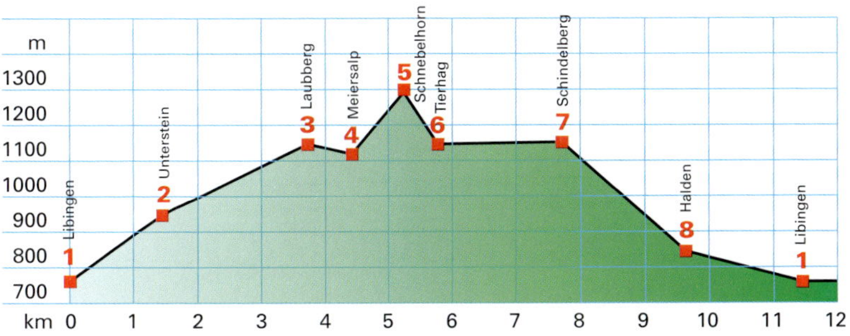

Libingen
769
1
Unterstein
956
2
8
Halden
842
Laubberg
1147
3
Schindelberg
7
1154
Meiersalp
4
1131
5
Schnebelhorn
1291
6
Tierhag
1140
N
1 km

1 Libingen, 769. Wir verlassen das Dorf in nordwestlicher Richung. Die ersten Höhenmeter sind auf der Teerstrasse zu überwinden.

2 Unterstein, 956. Schöner Blick auf Libingen und den Talkessel.

3 Laubberg, 1147. Auf blumenreichem Gratweg gehts fast mühelos aufwärts.

4 Meiersalp, 1131. Stärkung in der Bergwirtschaft, denn danach steigt der Weg steil an aufs Schnebelhorn.

5 Schnebelhorn, 1291. Höchster Punkt des Kantons Zürich auf der Grenze zum Kanton St. Gallen.

6 Tierhag, 1140. Ein kleiner Umweg führt zur Bergwirtschaft Tierhag.

7 Schindelberg, 1154. Auf einem steilen Waldweg steigen wir nach Halden ab.

8 Halden, 842. Auf der Teerstrasse kehren wir zum Ausgangspunkt in Libingen zurück.

Libingen.

Unterstein, Mosnang.

Laubberg, Mosnang.

Laubberg, Mosnang.

Schnebelhorn, Fischenthal ZH.

Schindelberg, Goldingen.

Neurüti, Mosnang.

Libingen.

ERDGESCHICHTLICHE SPURENSUCHE

Libingen – Chrüzegg – Schwämmli – Libingen

Die Wanderung verläuft teilweise auf der Route des Geowegs. Informationstafeln geben Auskunft über die Geologie der Region um die Chrüzegg. Wer die Tafeln liest, kommt der erdgeschichtlichen Vergangenheit des Tals auf die Spur. Auf der Chrüzegg geniessen wir die Aussicht ins Toggenburg und ins Zürcher Oberland.

Start und Ziel:	Libingen
Wanderzeit:	3 3/4 Stunden
Weglänge:	10,1 km
Höhenunterschiede:	700 m
Ausrüstung	Wanderschuhe
Gaststätten:	in Libingen Berggasthaus Chrüzegg, 055 284 54 84 oder 071 988 81 83 Alpwirtschaft Schwämmli, 071 983 32 71 Bergwirtschaft Aelpli, Unteres Alpli, 071 988 27 05
Parkplätze:	in Libingen
Kartenmaterial:	Landeskarte 1:25 000 Hörnli (Blatt 1093) Landeskarte 1:25 000 Ricken (Blatt 1113)

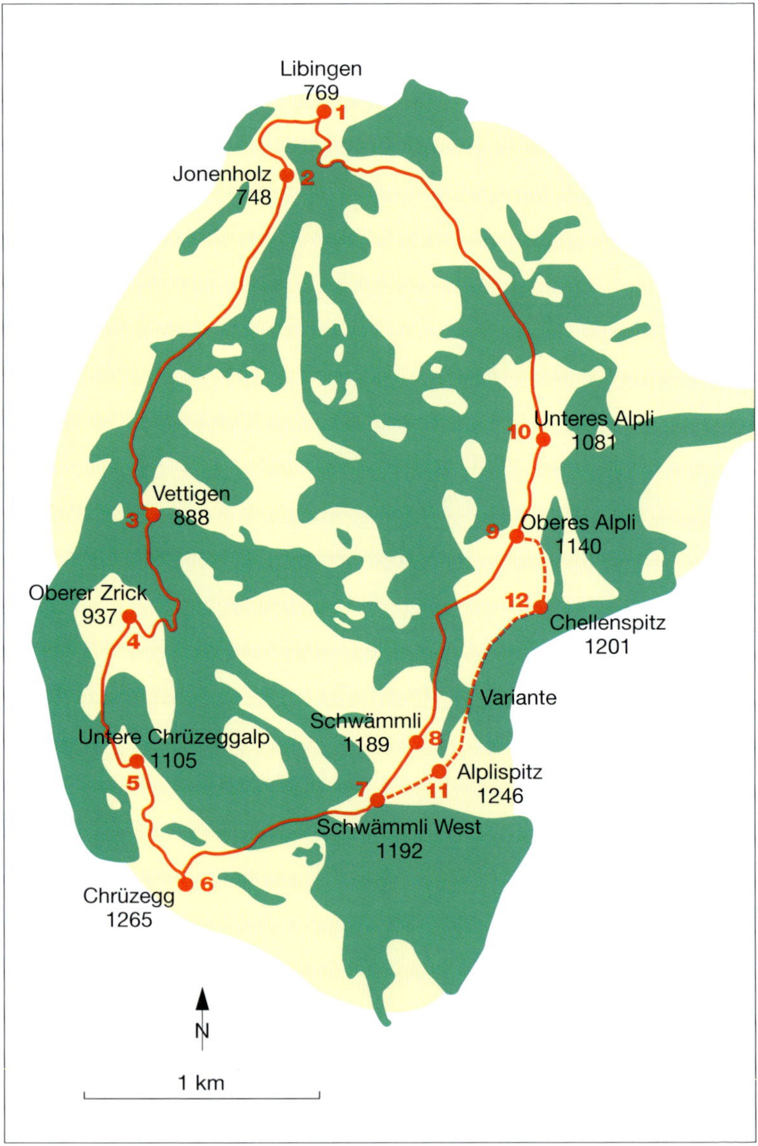
Libingen
769
1
Jonenholz
748
2
Vettigen
888
3
Oberer Zrick
937
4
Untere Chrüzeggalp
1105
5
Chrüzegg
1265
6
7
Schwämmli West
1192
Schwämmli
1189
8
9
Oberes Alpli
1140
10
Unteres Alpli
1081
11
Alplispitz
1246
12
Chellenspitz
1201
Variante
N
1 km

1 Libingen, 769. Wir verlassen das Dorf westwärts auf dem Geoweg. Der Chrüzegg-Geoweg ist ein erdgeschichtlicher Erlebnispfad. Insgesamt 50 Hinweistafeln ermöglichen einen Einblick in die Entstehung der Landschaft in der Chrüzegg-Region. Der Start in den Geoweg ist vom Atzmännig, von Walde, Wattwil, Krinau oder Libingen möglich, Ziel ist die Chrüzegg.

2 Jonenholz, 748. Wir halten vorerst links und folgen zweihundert Meter später rechts dem Geoweg.

3 Vettigen, 888. Auf Wiesenwegen gehts bergan.

4 Oberer Zrick, 937. Über Alpweiden gehts weiter.

5 Untere Chrüzeggalp, 1105.

6 Chrüzegg, 1265. Zu Beginn des Rückweges nach Libingen durchqueren wir unmittelbar unter der Chrüzegg den Chegelboden. Hier haben sich Na-

Alpine Blumenwiese.

Chrüzegg, Mosnang.

Chrüzegg, Mosnang.

Kegelboden, Mosnang.

Unteres Alpli, Krinau.

gelfluh-Partien gelöst und sind als Bergrutsch talwärts gefahren. Dabei haben sie eine Bergsturzhügeli-Landschaft hinterlassen.

7 Schwämmli West, 1192. Als Variante kann der Weg über den Alplispitz (11) und den Chellenspitz (12) gewählt werden. Sonst schlagen wir den Wiesenweg zur Alpwirtschaft Schwämmli ein.

8 Schwämmli, 1139. Durch ein Naturschutzgebiet gehts talwärts.

9 Oberes Alpli, 1140. Auf steilem Weg steigen wir zum Untern Alpli ab.

10 Unteres Alpli, 1081. In der Bergwirtschaft stärken wir uns für den bevorstehenden, etwas ruppigen Abstieg nach Libingen.

Oberes Alpli, Mosnang.

Ober Loh, Mosnang, im Hintergrund Libingen.

Obere Tweralp, Wattwil.

AM WESTRAND DES TOGGENBURGS

Ricken – Tweralpspitz – Ricken

Wanderung am Westrand des Toggenburgs mit schweisstreibenden Steigungen. Auf Kreten und Gipfel prächtige Aussicht auf Alpstein, Speergebiet, Churfirsten und Zentralschweizer Berge. Die Wege führen teils über Gebiet des Truppenübungsplatzes Cholloch.

Start und Ziel:	Ricken
Wanderzeit:	3¾ Stunden
Weglänge:	10,3 km
Höhenunterschiede:	650 m
Ausrüstung:	Wanderschuhe
Gaststätten:	in Ricken Bergwirtschaft Hüttenberg, 055 284 14 57 Parkplätze: in Ricken
Kartenmaterial:	Landeskarte 1:25 000 Ricken (Blatt 1113) Wanderkarte 1:25 000 Mittleres Toggenburg–Gasterland (Blatt 2513)
Hinweis:	Wenn auf dem Truppenübungsplatz Cholloch geschossen wird, kann die Route nicht begangen werden. Auskunft erteilt der Schiessplatzchef, 055 284 15 14 oder 079 644 52 30.

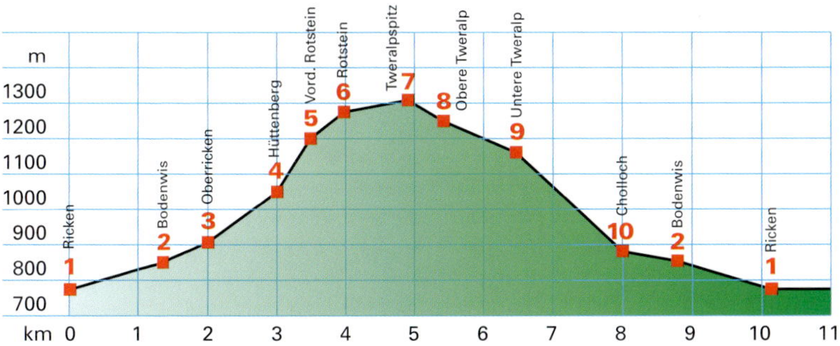

8
Obere Tweralp
1249
Tweralpspitz
1307
7
Untere Tweralp
1168
9
Rotstein
1285
6
5
Vord. Rotstein
1212
10
Cholloch
888
Hüttenberg
1053
4
Bodenwies
852
2
3
Oberricken
906
N
1 km
1
Ricken
780

1 Ricken, 780. In der kleinen Mulde mitten im Dorf nehmen wir die Strasse Richtung Schiessplatz Cholloch.

2 Bodenwies, 852. Wir halten links.

3 Oberricken, 906. Auf einem steilen Natursträsschen erklimmen wir den Hüttenberg und erlaben uns in der Bergwirtschaft.

4 Hüttenberg, 1053. Steiler Aufstieg zum Vorderen Rotstein.

5 Vorderer Rotstein, 1212. Schöner Blick auf den Rickenpass und die Hügelkette Richtung Speer. Der Weg führt fast ebenaus zum Rotstein.

6 Rotstein, 1285. Aufstieg zum Tweralpspitz.

7 Tweralpspitz, 1307. Eine Feuerstelle lädt zum Rasten ein.

8 Obere Tweralp, 1249.

9 Untere Tweralp, 1168. Durch den Wald steigen wir ins Cholloch ab und durchqueren den Truppenübungsplatz.

10 Cholloch, 888. Auf der Asphaltstrasse erreichen wir den Punkt Bodenwies und wandern auf demselben Weg zum Ausgangspunkt in Ricken.

Oberricken. St.Gallenkappel.

Hüttenberg, St.Gallenkappel.

Vorderer Rotstein, St.Gallenkappel.

Tweralpspitz, Wattwil.

Holzweidsattel, Krinau, im Hintergrund der Alplispitz.

DURCHS WATTWILER STEINTAL AUF DIE CHRÜZEGG

Wattwil – Chrüzegg – Wattwil

Der Weg von Wattwil auf die Chrüzegg lohnt sich in jeder Hinsicht. Beim Aufstieg präsentieren sich Churfirsten und Alpstein in interessanter Perspektive. Stellenweise folgt der Weg dem Geoweg, dem Planetenweg sowie einem Waldlehrpfad, was die Wanderung mit Informationstafeln bereichert.

Start und Ziel:	Wattwil
Wanderzeit:	5 1/2 Stunden
Weglänge:	15 km
Höhenunterschiede:	970 m
Ausrüstung:	Wanderschuhe
Gaststätten:	in Wattwil
	Berggasthaus Chrüzegg, 055 284 54 84 oder 071 988 81 83
Parkplätze:	in Wattwil
Kartenmaterial:	Landeskarte 1:25 000 Ricken (Blatt 1113)
	Wanderkarte 1:25 000 Mittleres Toggenburg–Gasterland (Blatt 2513)

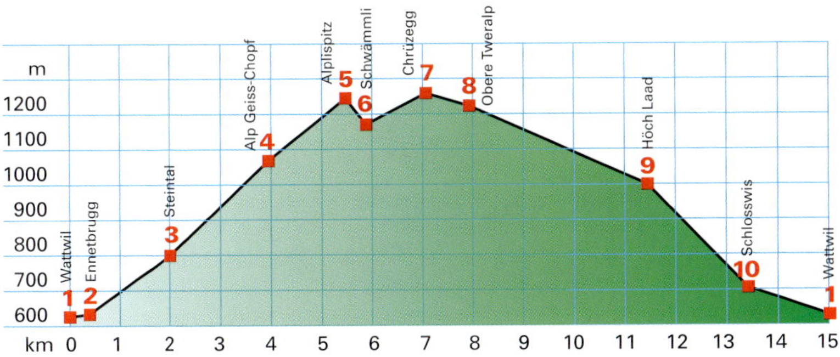

1 Wattwil 613
2 Enetbrugg 618
Schlosswis 711
10
Steintal 794
3
Höch Laad 1000
9
Alp Geiss-Chopf 1085
4
Alplispitz 1246
5
6
Schwämmli 1189
8
Obere Tweralp 1230
N
7
Chrüzegg 1265
1 km

1 Wattwil, Bahnhof, 613. Nach der Unterführung rechts halten.
2 Enetbrugg, 618. Wir schlagen den Weg rechts ansteigend zum Kloster Maria der Engel ein.
3 Steintal, 794. Der Weg führt rechts zum Wald hinauf.
4 Alp Geiss-Chopf, 1085.
5 Alplispitz, 1246. Der kurze Abstecher auf den Alplispitz lohnt sich.
6 Schwämmli, 1189. Auf Wiesenwegen gehts auf die Chrüzegg.
7 Chrüzegg, 1265.
8 Obere Tweralp, 1230. Wir steigen über die Höch Laad wieder Richtung Wattwil ab.
9 Höch Laad, 1000. Wir folgen der Teerstrasse.
10 Schlosswis, 711. Der Strasse entlang erreichen wir Wattwil. Ein angenehmerer Weg führt über die Ruine Iburg.

Wattwiler Steintal.

Kloster Maria der Engel, Wattwil.

Chrüzegg, Mosnang.

Tweralpspitz, Wattwil, rechts Obere Tweralp.

Alp Geiss-Chopf, Wattwil.

Wattwiler Steintal.

Alplisattel, Mosnang.

Ruine Iburg, Wattwil.

Schwanden, Oberhelfenschwil.

HÜGELWANDERUNG IM NECKERTAL

Brunnadern – Wasserfluh – Oberhelfenschwil – Brunnadern

Das Neckertal ist für viele ein eher unbekannter Teil des Toggenburgs. Die Wanderungen durch die sanfte Hügellandschaft auf gut unterhaltenen Wanderwegen sind meist wenig anstrengend und bieten schöne Einsichten ins Toggenburger Hügelland.

Start und Ziel:	Brunnadern
Wanderzeit:	3 Stunden
Weglänge:	9,7 km
Höhenunterschiede:	420 m
Ausrüstung:	Leichtwanderschuhe
Gaststätten:	in Brunnadern, Oberhelfenschwil und Necker
Parkplätze:	in Brunnadern beim Bahnhof
Kartenmaterial:	Landeskarte 1:25 000 Degersheim (Blatt 1094) Wanderkarte 1:25 000 Mittleres Toggenburg–Gasterland (Blatt 2513)

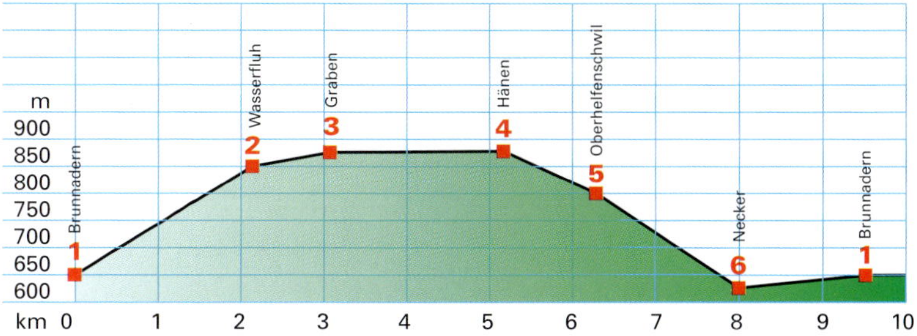

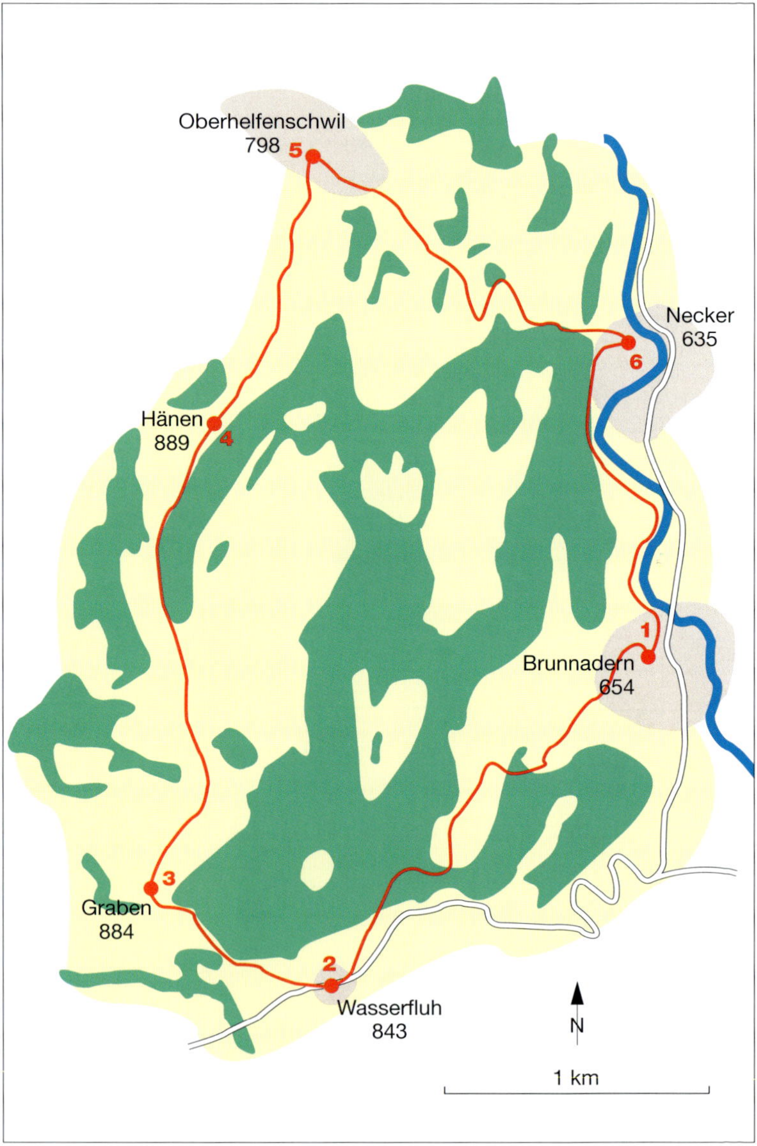

Oberhelfenschwil
798
5
Necker
635
6
Hänen
889
4
1
Brunnadern
654
3
Graben
884
2
Wasserfluh
843
N
1 km

1 Brunnadern, 654. Südlich des Bahnhofs überqueren wir die Gleise und schlagen den zum Teil steilen Weg zur Wasserfluh ein.

2 Wasserfluh, 843. Nach wenigen Metern auf der Kantonsstrasse biegen wir nach der Wasserfluh-Garage rechts ab.

3 Graben, 884. Durch ein Wäldchen erreichen wir die Wegverzweigung Graben.

4 Hänen, 889. Auf einer aussichtsreichen Strasse wandern wir Oberhelfenschwil zu.

5 Oberhelfenschwil, 798. Wir verlassen das Dorf in südwestlicher Richtung und steigen zum Necker hinunter.

6 Necker, 635. Dem Necker entlang erreichen wir auf einem angenehmen Weg unseren Ausgangspunkt beim Bahnhof Brunnadern.

Oberhelfenschwil.

Brunnadern.

Oberhelfenschwil.

Wilkethöchi, Mogelsberg, mit Blick auf St.Peterzell.

DER AUSSICHTSPUNKT DER NECKERTALER

St.Peterzell – Dicken – Wilkethöchi – St.Peterzell

Leichte Wanderroute durch Wälder und Wiesen im Neckertal. Vom Neckertaler Aussichtspunkt Wilkethöchi aus eröffnet sich der Tiefblick auf St.Peterzell mit seiner Propstei sowie der Weitblick in das Quellgebiet des Neckers, den Alpstein und auf die Churfirsten.

Start und Ziel:	St.Peterzell
Wanderzeit:	3 1/2 Stunden
Weglänge:	10 km
Höhenunterschiede:	630 m
Ausrüstung:	Wanderschuhe
Gaststätten:	in St.Peterzell und Dicken
Parkplätze:	in St.Peterzell, hinter dem Gemeindehaus
Kartenmaterial:	Landeskarte 1:25 000 Degersheim (Blatt 1094) Wanderkarte 1:25 000 Mittleres Toggenburg–Gasterland (Blatt 2513)

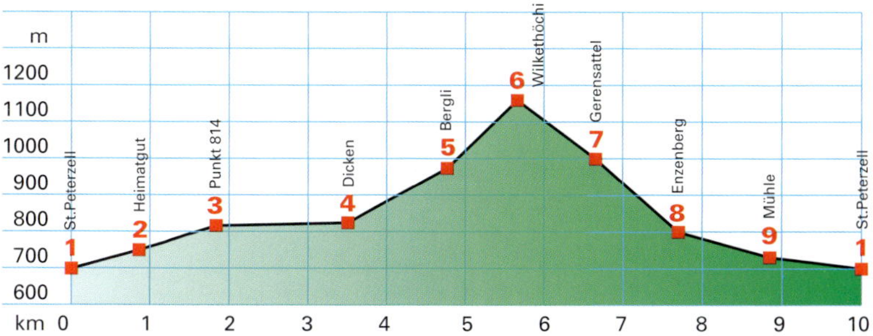

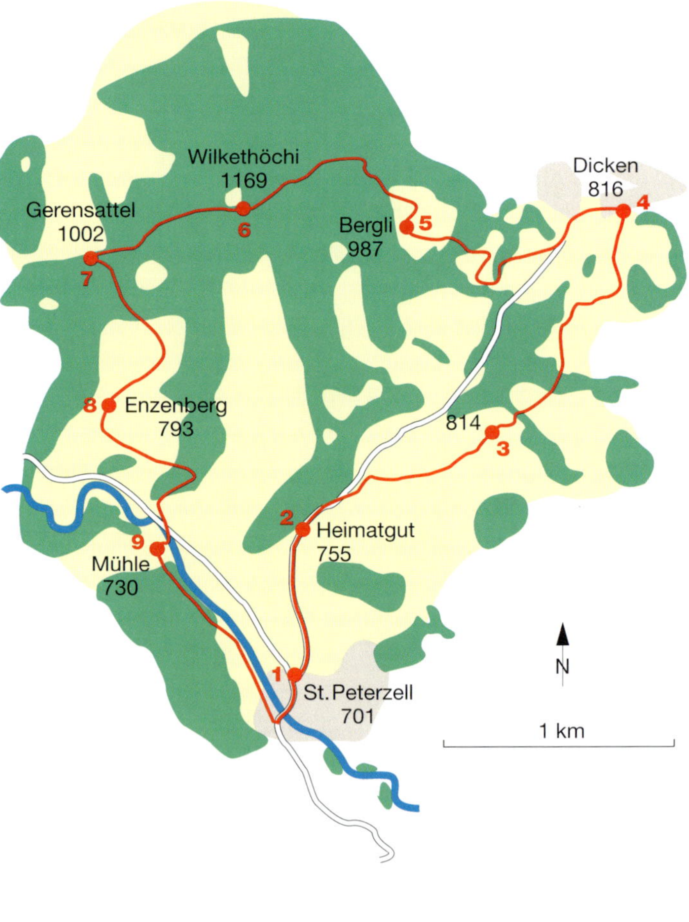
Wilkethöchi
1169
Dicken
816
Gerensattel
1002
Bergli
987
6
5
4
7
8
Enzenberg
793
814
3
2
Heimatgut
755
9
Mühle
730
1
St. Peterzell
701
N
1 km

1 St.Peterzell, 701. Bis zum Bauernhof Heimatgut folgen wir der Strasse nach Dicken.

2 Heimatgut, 755. Hundert Meter nach dem Bauernhof verlässt der Wanderweg die Strasse rechterhand.

3 Punkt 814. Wir durchqueren zwei Waldausläufer.

4 Dicken, 816. Bei der Post halten wir links, bei der Kreuzung gleich nochmals, gehen hundert Meter zurück Richtung St.Peterzell und biegen auf das steil ansteigende Strässchen Richtung Schlössli ein.

5 Bergli, 987. Eine Feuerstelle lädt zum Rasten ein. Auf einem Waldweg steigen wir auf die Wilkethöchi.

6 Wilkethöchi, 1169. Eine Tafel erklärt das grandiose Panorama. Steil fällt der Weg zum Gerensattel ab.

7 Gerensattel, 1002. Wir halten links und steigen nochmals 200 Höhenmeter zum Enzenberg ab.

8 Enzenberg, 793. Abstieg zum Necker.

9 Mühle, 730. Wir überqueren den Necker und wandern auf der linken Flussseite zum Ausgangspunkt in St.Peterzell zurück.

St. Peterzell.

Bergli, Mogelsberg.

Dicken, im Hintergrund die Wilkethöchi.

St.Peterzell, Propstei.

Mogelsberg.

VOM OBERSCHAUENBERG INS LAND SCHAUEN

Mogelsberg – Oberschauenberg – Mogelsberg

Eine Wanderung mit prächtigen Aussichten von Herrensberg und von Oberschauenberg aus. Ein Stück weit begleitet der Weg den Necker und führt durch Wälder, über Wiesen und durch Weiler bis an die nordöstliche Grenze des Toggenburgs.

Start und Ziel:	Mogelsberg
Wanderzeit:	3 3/4 Stunden
Weglänge:	12,2 km
Höhenunterschiede:	600 m
Ausrüstung:	Leichtwanderschuhe
Gaststätten:	in Mogelsberg und Nassen
Parkplätze:	in Mogelsberg beim Schulhaus
Kartenmaterial:	Landeskarte 1:25 000 Degersheim (Blatt 1094) Wanderkarte 1:25 000 Wil und Umgebung (Blatt 2595)

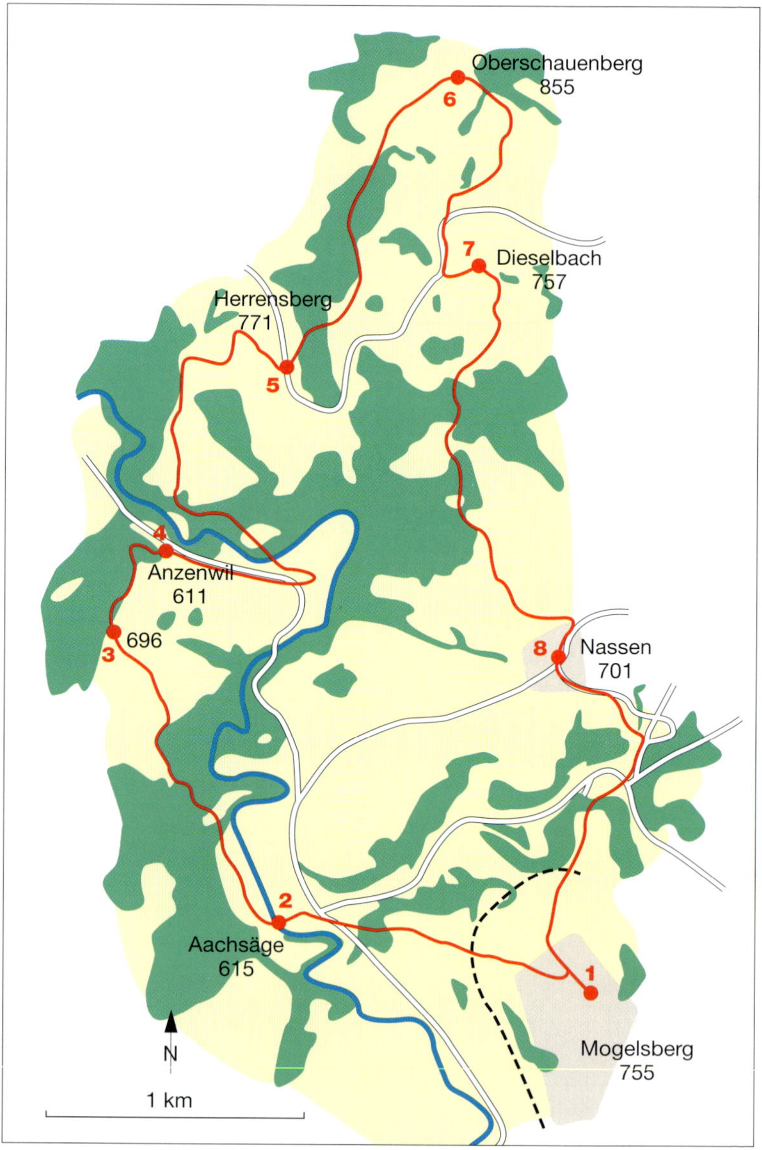
Oberschauenberg
855
6
7
Dieselbach
757
Herrensberg
771
5
4
Anzenwil
611
3
696
8
Nassen
701
2
Aachsäge
615
1
Mogelsberg
755
N
1 km

1 Mogelsberg, 755

2 Aachsäge, 615. Wir überqueren den Necker.

3 Punkt 696. Zuerst gehts dem Waldrand entlang und dann abfallend durch den Wald bis zur Autostrasse.

4 Anzenwil 611. Wir wandern an einer ehemaligen Armenanstalt vorbei, verlassen nach 500 m die Autostrasse linkerhand und überqueren erneut den Necker.

5 Herrensberg, 771. Nach einer Steigung von knapp 200 Metern werden wir mit einer schönen Aussicht für die Anstrengung belohnt. Der Weg steigt weiter Richtung Oberschauenberg.

6 Oberschauenberg, 855. Von hier geniesst man eine Rundsicht bis zum Alpstein. Wir nehmen den leicht abfallenden Weg Richtung Dieselbach.

7 Dieselbach, 757. Gemächlich führt der Weg nach Nassen hinunter.

8 Nassen, 701. Wir verlassen das zur Gemeinde Mogelsberg gehördende Dorf südwärts und kehren zum Ausgangspunkt zurück.

Aachsäge, Mogelsberg.

Anzenwil, Ganterschwil.

Oberschauenberg, Lütisburg.

Mogelsberg.

Ofenloch, Nesslau-Krummenau.

ROMANTISCHER ABSTECHER IN DIE URZEIT

Schwägalp – Ofenloch – Schwägalp

Ausgangspunkt dieser romantischen Wanderung zurück in die Urzeit ist der grosse Parkplatz auf der Schwägalp Passhöhe. Von hier aus sind es nur fünf Kilometer, die uns vom Ofenloch trennen, eine der eindrücklichsten Schluchten in der Ostschweiz. Im Laufe von Jahrmillionen hat sich der Necker in seinem Quellgebiet über hundert Meter tief durch die Nagelfluh gefressen.

Start und Ziel:	Parkplatz Schwägalp Passhöhe
Wanderzeit:	3 1/2 Stunden
Weglänge:	10,5 km
Höhenunterschiede:	560 m
Ausrüstung:	Wanderschuhe
Gaststätten:	Gasthaus Passhöhe Schwägalp, 071 364 12 43
Parkplätze:	Schwägalp Passhöhe
Kartenmaterial:	Landeskarte 1:25 000 Nesslau (Blatt 1114) Wanderkarte 1:25 000 Obertoggenburg–Alpstein (Blatt 2514)
Hinweis:	Der Abstieg ins Ofenloch erfolgt auf einem schmalen, steilen Pfad. Nur für trittsichere und schwindelfreie Wanderer.

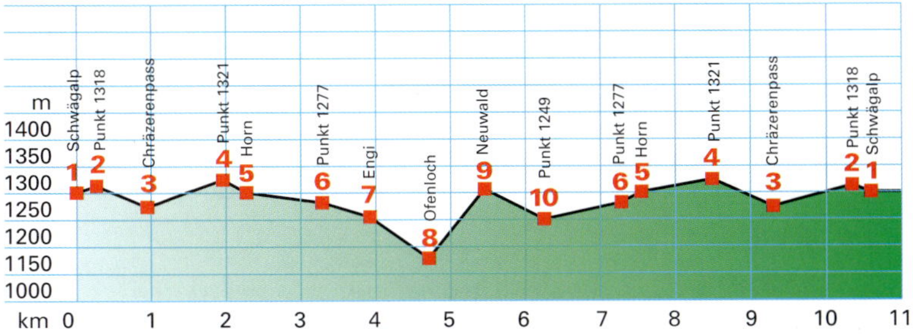

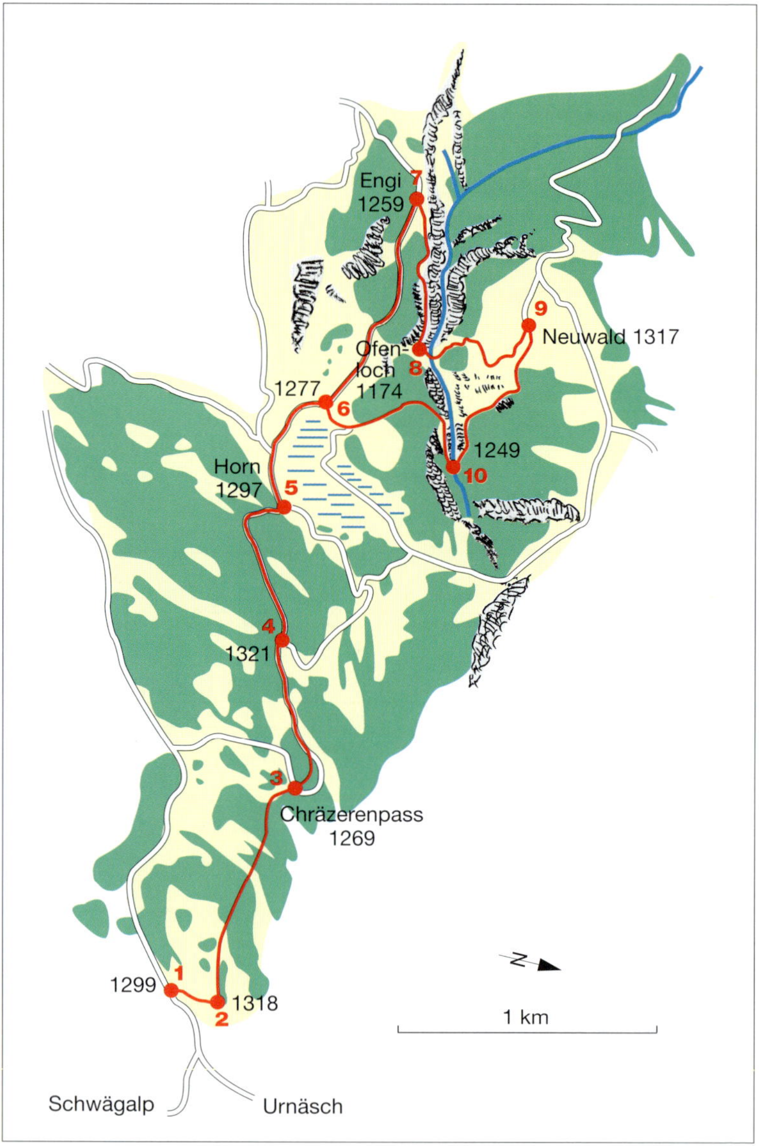
Engi
7
1259
9
Neuwald 1317
Ofen-
loch
1174
8
1277
6
1249
10
Horn
1297
5
4
1321
3
Chräzerenpass
1269
1
1299
2
1318
1 km
Schwägalp
Urnäsch

1 Parkplatz Passhöhe Schwägalp, 1299.

2 Punkt 1318. Abzweigung in Richtung Horn.

3 Chräzerenpass, 1269. Der Weg mündet in die Waldstrasse, der wir nach einer grossen Linkskurve durch das Sonderwaldreservat des Chräzerenwalds folgen.

4 Punkt 1321. Auf der westlich verlaufenden Waldstrasse bleiben.

5 Horn, 1297. Einem schönen Sumpfgebiet entlang gehts abwärts bis Punkt 1277.

6 Punkt 1277. Links halten.

7 Engi,1259. Ein Wegweiser zeigt den Richtungswechsel zum Ofenloch an. Ein schmaler Pfad führt steil abwärts in die Schlucht. Auf diesem Weg ist Trittsicherheit erforderlich. Auf der andern Flussseite wölbt sich das Ofenloch in einem Felsbogen gigantischen Ausmasses.

Chräzerenwald, Krummenau.

Horn, Nesslau-Krummenau, im Hintergrund der Stockberg.

Ofenloch, Nesslau-Krummenau.

Neuwald, Nesslau-Krummenau.

8 Ofenloch, 1174. Der Wanderweg führt unter einem Wasserfall des noch jungen Neckers durch. Der Weg steigt steil durch Wald und Gebüsch zur Alp Neuwald hinauf.

9 Neuwald, 1317. Der Weg macht eine Spitzkehre in östlicher Richtung und führt durch den oberen Teil des Quellgebiets des Neckers.

10 Punkt 1249. Hier lohnt es sich, die imposanten Felsformationen zu betrachten. Nun führt der Weg aus dem Quellgebiet hinaus auf die gekieste Flurstrasse zurück. Auf diesem Weg kehren wir zum Ausgangspunkt auf die Schwägalp Passhöhe zurück.

Verblühte Pestwurz.

Sumpf-Dotterblume.

Horn, Nesslau-Krummenau.

Chellen, Ebnat-Kappel.

STREIFZUG DURCH DAS HOCHMOOR

Hemberg – Salomonstempel – Hemberg

Eine Wanderung, bei der man sich zeitweise in den hohen Norden versetzt fühlt: Wälder, Birken, Ebenen, Moorlandschaften. Die in einem Jahrtausende dauernden Prozess entstandene Hochmoorschicht wölbt sich im Scherb uhrglasförmig über das sie umgebende Flachmoor. Botanisch Interessierte stecken den Pflanzenführer in den Rucksack.

Start und Ziel:	Hemberg
Wanderzeit:	3 1/2 Stunden
Weglänge:	10,7 km
Höhenunterschiede:	550 m
Ausrüstung:	Leichtwanderschuhe
Gaststätten:	in Hemberg
	Rest. Traube, Bad, Hemberg, 071 377 11 76
	Mistelegg: Wirtschaft Alpstöbli, 071 377 15 08
Parkplätze:	in Hemberg
Kartenmaterial:	Landeskarte 1:25 000 Nesslau (Blatt 1114)
	Wanderkarte 1:25 000 Mittleres Toggenburg–Gasterland (Blatt 2513)

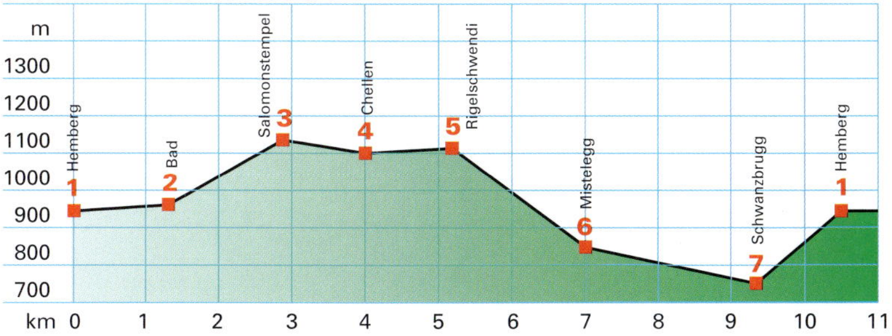

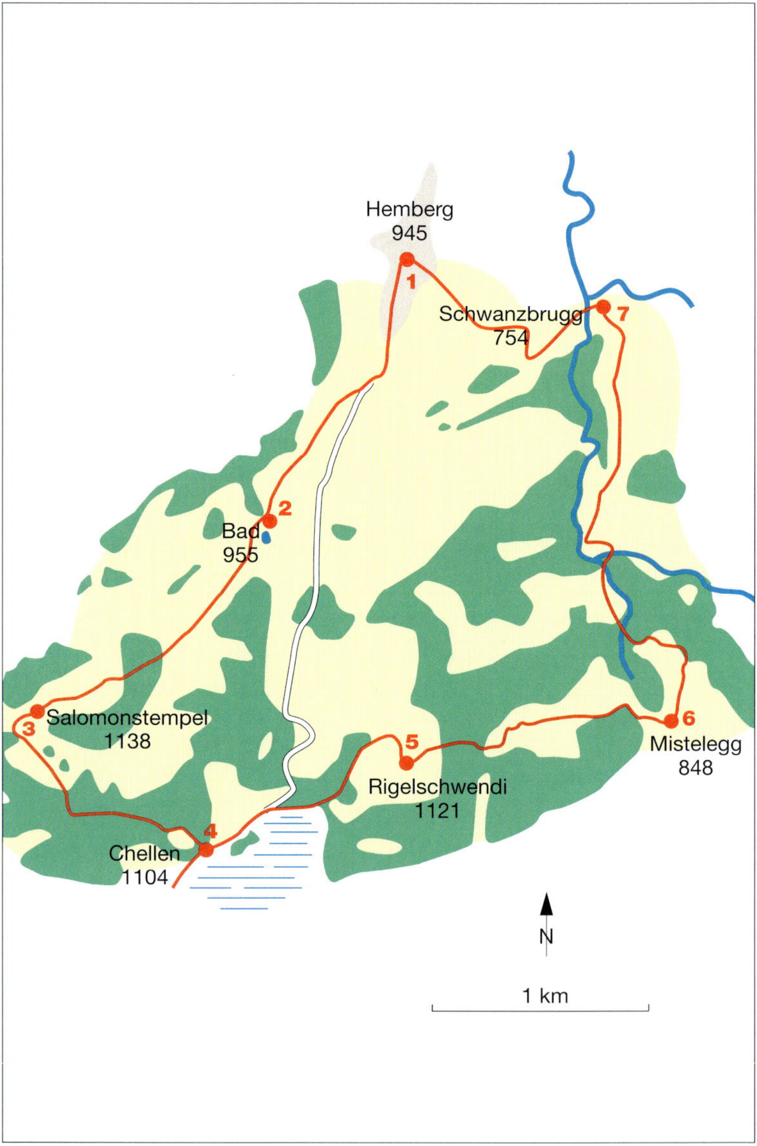
Hemberg
945
1
Schwanzbrugg
754
7
2
Bad
955
Salomonstempel
1138
3
5
6
Mistelegg
848
Rigelschwendi
1121
4
Chellen
1104
N
1 km

1 Hemberg, 945. Wir verlassen das Dorf südwärts, halten in der Gäwis rechts Richtung Bad.

2 Bad, 955. Der Weg führt an einem Weiher vorbei zum Salomonstempel hinauf.

3 Salomonstempel, 1138. Eine Feuerstelle lädt zum Rasten ein. Auf einer Waldstrasse erreichen wir bei Chellen die Kantonsstrasse.

4 Chellen, 1104. Ausgangsunkt für Exkursionen ins Hochmoor Scherb. Auf der Wasserscheide zwischen Thur und Necker enstanden hier Flach- und Hochmoorpartien, die unter Schutz stehen. Wir sehen grosse Orchideen- und Schwertlilienbestände. Die Moorpartien sind sehr empfindlich, deshalb bitte die Wege nicht verlassen. Wir halten ostwärts dem Necker zu.

5 Rigelschwendi, 1121. Wir steigen durch Wälder und Wiesen zur Mistelegg ab.

6 Mistelegg, 848. Nach einer Stärkung in der Wirtschaft Alpstöbli gehts dem Necker entlang zur Schwanzbrugg.

7 Schwanzbrugg, 754. Ein steiler Aufstieg führt zum Ausgangspunkt zurück.

Scheidiges Wollgras.

Mistelegg, Hemberg.

Hemberg.

Bad, Hemberg.

Salomonstempel, Hemberg.

ÜBER DEN HÜSLIBERG ZUM SALOMONSTEMPEL

Ebnat-Kappel – Salomonstempel – Ebnat-Kappel

Vom Bahnhof Ebnat-Kappel aus geht es stotzig den Hüsliberg hinauf. Doch für die Anstrengung werden die Wanderer reich entlohnt, und zwar mit einmalig schönen Flach- und Hochmooren von nationaler Bedeutung. Und wenn sich das Auge an Fettblättern, Mehlprimeln, Orchideen und Wollgräsern satt gesehen hat, schweift der Blick über Alpstein, Churfirsten und Speer.

Start und Ziel:	Ebnat-Kappel
Wanderzeit:	3¾ Stunden
Weglänge:	11,5 km
Höhenunterschiede:	580 m
Ausrüstung:	Freizeitschuhe
Gaststätten:	in Ebnat-Kappel
	Restaurant Rössli, Hüsliberg, 071 993 13 65
Parkplätze:	in Ebnat-Kappel
Kartenmaterial:	Landeskarte 1:25000 Blatt 1114 Nesslau
	Wanderkarte Blatt 2513 Mittleres Toggenburg–Gasterland

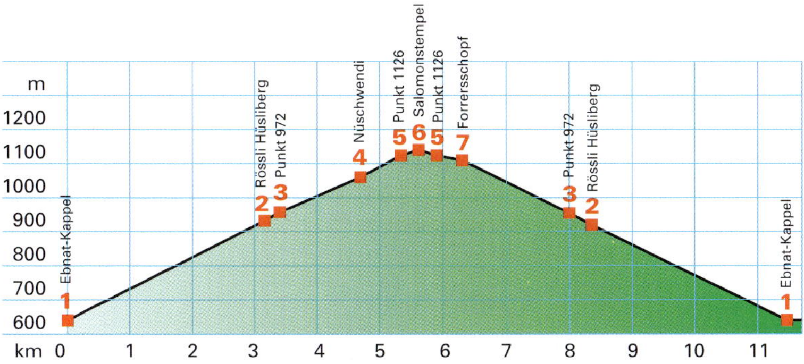

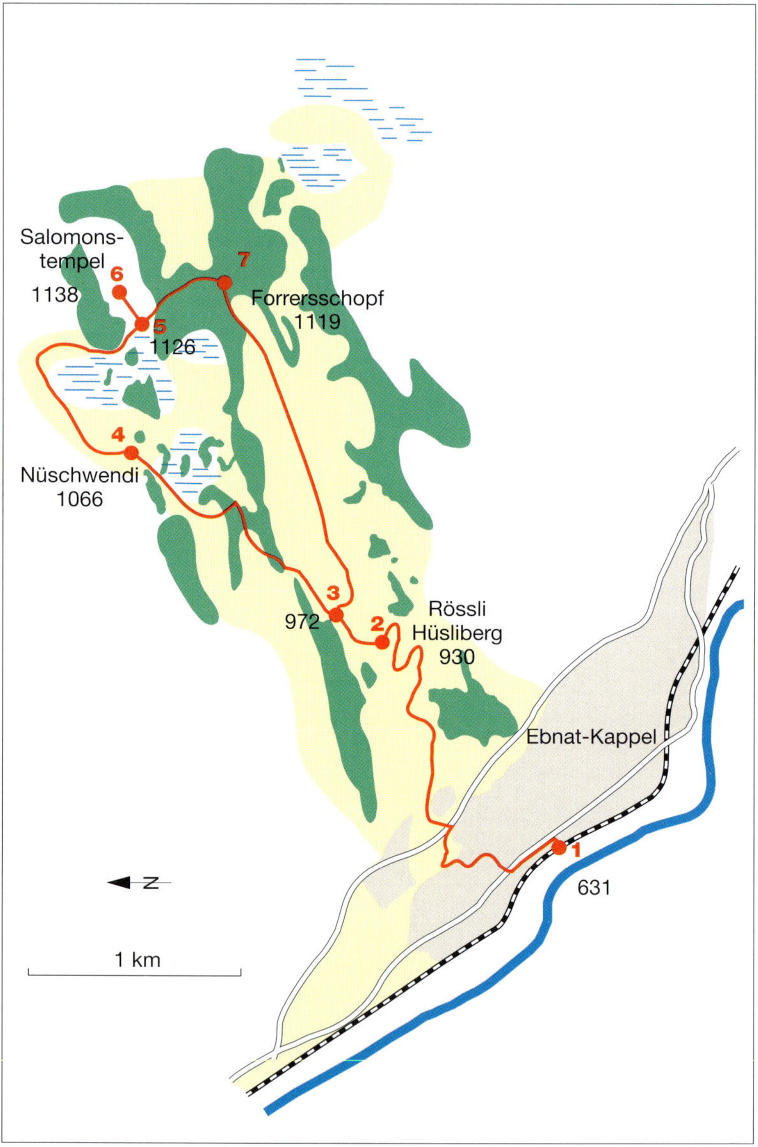
Salomons-
tempel
6
1138
7
Forrersschopf
1119
5
1126
4
Nüschwendi
1066
3
972
2
Rössli
Hüsliberg
930
Ebnat-Kappel
1
631
N
1 km

1 Ebnat-Kappel, 631. Auf weniger als zwei Kilometern steigen wir 300 Meter in die Höhe und geniessen auf dem Hüsliberg die Aussicht auf Ebnat-Kappel.

2 Rössli, Hüsliberg, 930. Auf einem Wiesenweg kürzen wir die Spitzkehre der Strasse ab.

3 Punkt 972. Wir halten links und gehen Richtung Waldrand.

4 Nüschwendi, 1066. Durch reizvolle Moorlandschaften gehts weiter bis zum Wegkreuz bei Punkt 1126.

5 Punkt 1126. Nach 200 Metern Richtung Osten erreichen wir den Salomonstempel.

6 Salomonstempel, 1138. Eine Feuerstelle lädt zur Rast ein.

7 Forrersschopf, 1119. Mitten im Wald halten wir rechts und wandern über den Brand auf den Hüsliberg und von dort nach Ebnat-Kappel zurück.

Brand, Ebnat-Kappel.

Ebnat-Kappel.

Müslen, Ebnat-Kappel.

AUF MOORPFADEN IN DIE HÖHE STEIGEN

Ebnat-Kappel – Oberbächen – Ebnat-Kappel

Eine herrliche Wanderung im Obertoggenburg: Der Anstieg ist stetig und gleichmässig und ohne grosse Mühe sind bald 600 Höhenmeter überwunden. Durch Wälder, Wiesen und über Moore führt der aussichtsreiche Weg an zwei Alpwirtschaften vorbei, wo sich die Einkehr lohnt. Und kurz vor dem Ziel lockt ein Hotel, dessen Name «Bellevue» Programm ist.

Start und Ziel:	Ebnat-Kappel
Wanderzeit:	3 1/4 Stunden
Weglänge:	8,8 km
Höhenunterschiede:	630 m
Ausrüstung:	Leichtwanderschuhe
Gaststätten:	in Ebnat-Kappel Hotel Bellevue, Dicken, 071 993 30 05 Restaurant Unterbächen, 071 993 15 03 Restaurant Oberbächen, 079 695 33 23
Parkplätze:	in Ebnat-Kappel beim Bahnhof
Kartenmaterial:	Landeskarte 1:25 000 Nesslau (Blatt 1114) Wanderkarte 1:25 000 Mittleres Toggenburg–Gasterland (Blatt 2513)

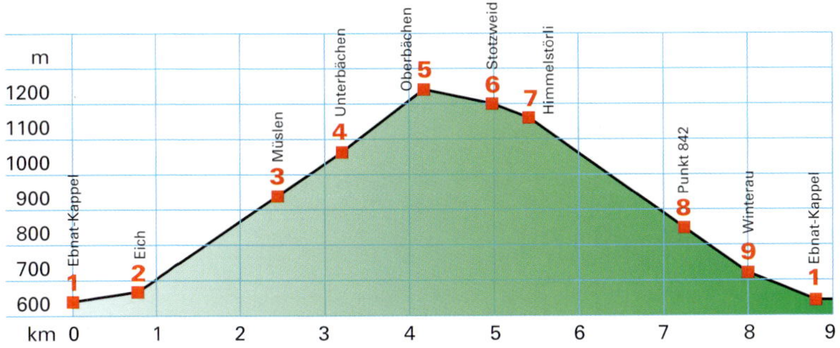

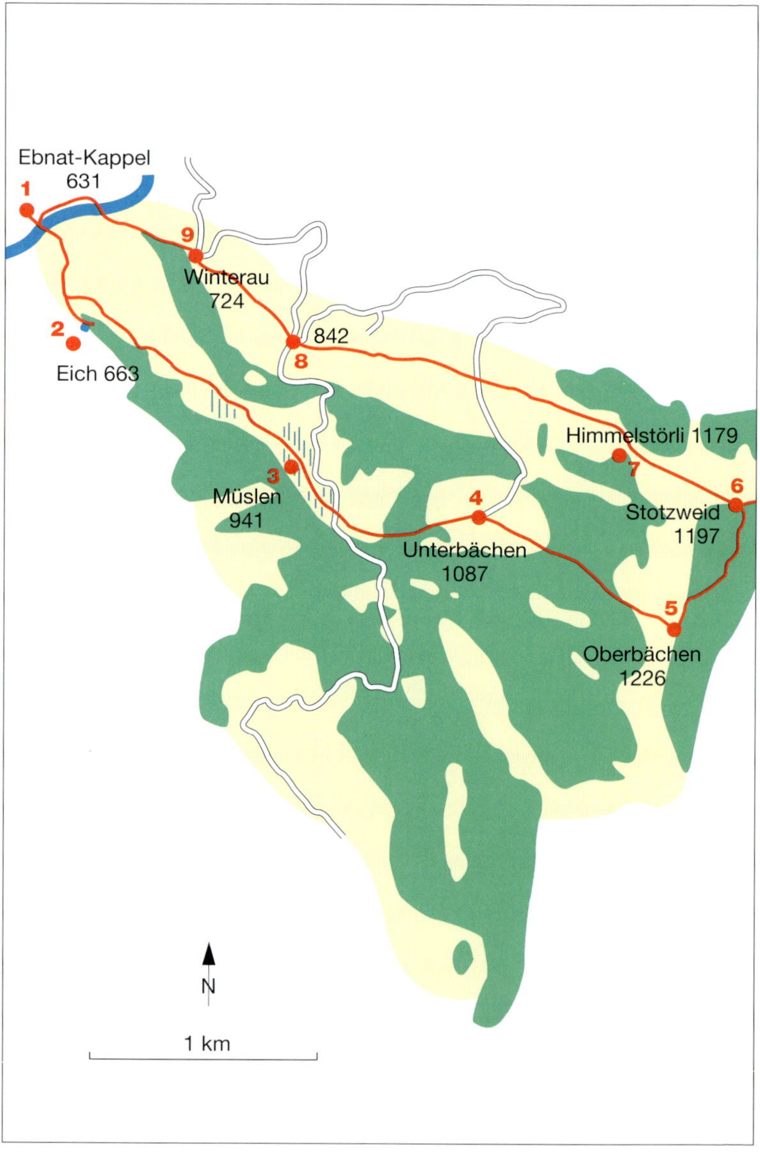

Ebnat-Kappel
631
1
2
Eich 663
9
Winterau
724
842
8
3
Müslen
941
4
Unterbächen
1087
Himmelstörli 1179
7
6
Stotzweid
1197
5
Oberbächen
1226
N
1 km

1 Ebnat-Kappel, 631. Wir verlassen den Bahnhof südwestwärts und überqueren die Thur.

2 Eich, 663. Ein Abstecher zum Biotop Eichweiher lohnt sich. Tafeln erläutern das Leben in einem Weiher.

3 Müslen, 941. Durch Moorwiesen gehts sanft aufwärts. In Müslen kreuzen wir die Strasse, die zum Girlen führt.

4 Unterbächen. 1087. Es bietet sich die Möglichkeit zur Einkehr im Restaurant Unterbächen.

5 Oberbächen, 1226. Beim Restaurant Oberbächen halten wir links und betreten den Bächenwald. Auf einem kurzen Stück des Toggenburger Höhenwegs erreichen wir die Stotzweid.

6 Stotzweid, 1197. Beim Naturfreundehaus gehts links talwärts.

7 Himmelstörli, 1179. Endstation Skilift Tanzboden.

8 Punkt 842. Hier kreuzt der Wanderweg die Hauptstrasse. 200 m bergwärts östlich liegt das Hotel Bellevue, Dicken.

9 Winterau, 724. Der Wanderweg kreuzt erneut die Strasse, und führt über Wiesen bis hinunter zum Ausgangspunkt in Ebnat-Kappel.

Bächenwald, Rieden.

Unterbächen, Ebnat-Kappel.

Oberbächen, Ebnat-Kappel.

Egg, Ebnat-Kappel.

Tanzboden, Rieden, im Hintergrund der Speer.

BLICK AUF LINTHEBENE UND ZÜRICHSEE

Ebnat-Kappel – Tanzboden – Ebnat-Kappel

Wanderungen durch das Voralpengebiet zählen zu den schönsten: Einen besonderen Leckerbissen bietet das Toggenburg mit dieser Wanderung. Die Wanderer geniessen Aussichten auf die Linthebene, den Zürichsee sowie in die Churfirsten und in den Alpstein.

Start und Ziel:	Ebnat-Kappel
Wanderzeit:	4 1/2 Stunden
Weglänge:	12,9 km
Höhenunterschiede:	860 m
Ausrüstung:	Wanderschuhe
Gaststätten:	Restaurants in Ebnat-Kappel Alpwirtschaft Tanzboden, 055 283 12 18 Berggasthaus Nestel, 071 990 09 90
Parkplätze:	in Ebnat-Kappel beim Bahnhof
Kartenmaterial:	Landeskarte 1:25 000 Nesslau (Blatt 1114) Wanderkarte 1:25 000 Mittleres Toggenburg–Gasterland (Blatt 2513)

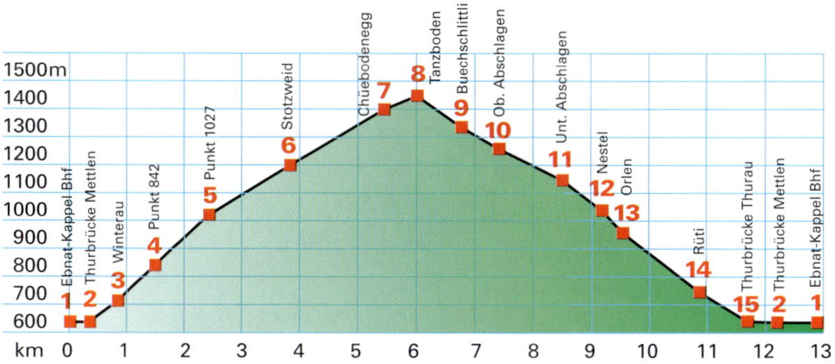

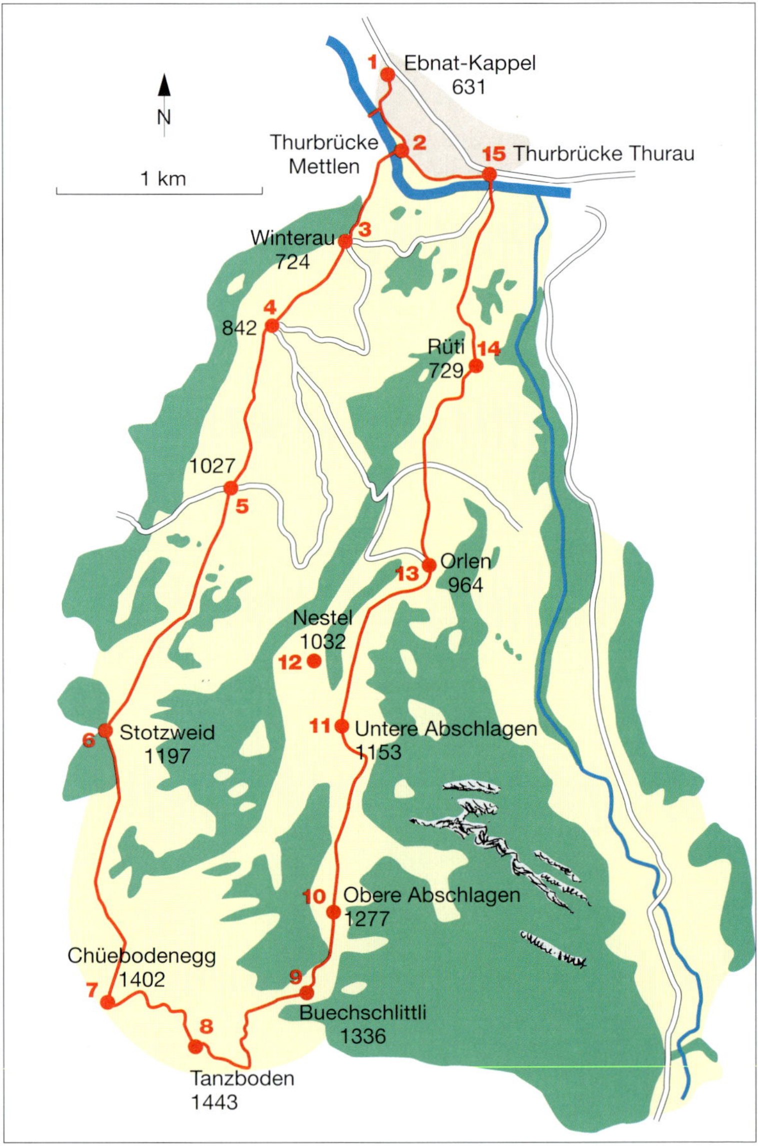
N
1 km
1 Ebnat-Kappel
631
2 Thurbrücke
Mettlen
15 Thurbrücke Thurau
3 Winterau
724
4 842
Rüti
729 14
1027
5
Orlen
964
13
Nestel
1032
12
11 Untere Abschlagen
1153
6 Stotzweid
1197
10 Obere Abschlagen
1277
Chüebodenegg
1402
7
9
Buechschlittli
1336
8
Tanzboden
1443

1 Ebnat-Kappel, 631. Den Bahnhof thuraufwärts verlassen.

2 Thurbrücke Mettlen, 631.

3 Winterau, 724. Wir kreuzen die Strasse.

4 Punkt, 842. Wir kreuzen die Strasse erneut.

5 Punkt 1027. Dritte Querung der Strasse, prächtige Aussicht ins Toggenburg.

6 Stotzweid, 1197. Dem Waldrand entlang gehts südwärts.

7 Chüebodenegg, 1402. Der Weg macht eine scharfe Linkskurve.

8 Tanzboden, 1443. Der kurze Weg zum Gipfelkreuz lohnt sich.

9 Buechschlittli, 1336.

10 Obere Abschlagen, 1277. Der Weg führt entlang von Nagelfluhrippen.

11 Untere Abschlagen, 1153.

12 Nestel, 1032. Wer Hunger und Durst hat, macht einen Abstecher ins Berggasthaus Nestel.

13 Orlen, 964.

14 Rüti, 729. 100 Meter auf der Strasse und links auf den Wanderweg talwärts einbiegen.

15 Thurbrücke Thurau, 637. Zurück zum Bahnhof.

Stotzweid, Ebnat-Kappel.

Abschlagen, Ebnat-Kappel.

Ebnat-Kappel.

Bächenwald, Rieden.

Hengst, Nesslau-Krummenau.

AUSSICHTSREICHE ANNÄHERUNG AN DEN SPEER

Rietbach – Wannenspitzli – Bützalpsattel – Krummenau

Mit der Sesselbahn gelangen wir mühelos auf das Hochplateau von Rietbach, wo ein einzigartiges Hochmoor zu botanischen Exkursionen lockt. Wir wandern mit prächtigen Aussichten nach allen Seiten Richtung Speer. Auf dem Bützalpsattel biegen wir jedoch links ab, um durchs Ijental nach Neu St.Johann abzusteigen und der Thur folgend nach Krummenau zurückzukehren.

Start:	Rietbach
Ziel:	Krummenau
Wanderzeit:	4 3/4 Stunden
Weglänge:	14,9 km
Aufstiege:	650 m
Abstiege:	1050 m
Ausrüstung:	Wanderschuhe
Gaststätten:	in Krummenau; Restaurant Wolzenalp Sportbahn, 071 994 11 81; Alpwirtschaft Hengst
Bergbahn:	Sportbahnen Krummenau–Wolzenalp, 071 994 11 61
Parkplätze:	in Krummenau
Kartenmaterial:	Landeskarte 1:25 000 Nesslau (Blatt 1114) Landeskarte 1:25 000 Walensee (Blatt 1134) Wanderkarte 1:25 000 Mittleres Toggenburg–Gasterland (Blatt 2513)

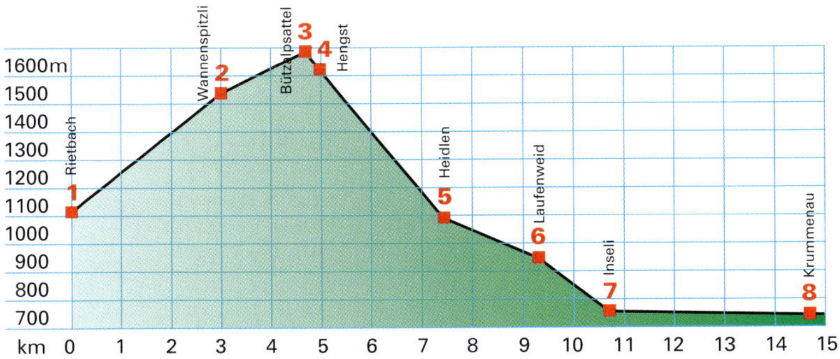

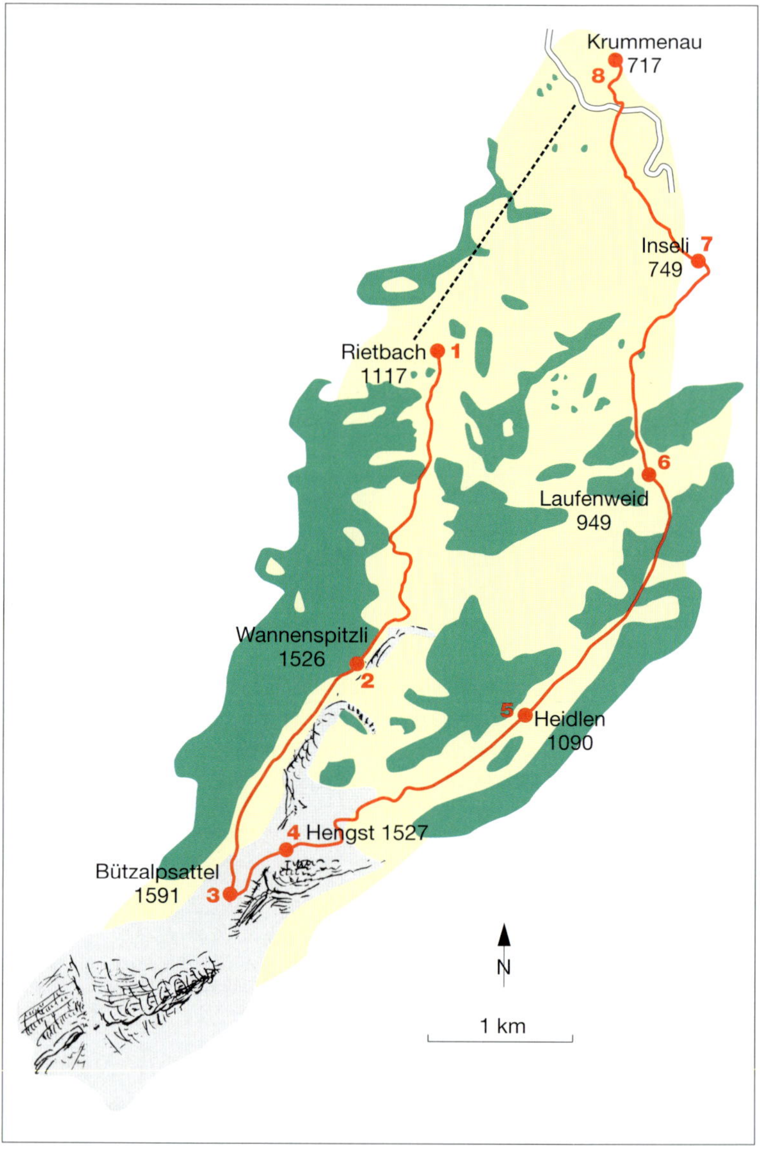
Krummenau
717
8
Inseli
749
7
Rietbach
1117
1
6
Laufenweid
949
Wannenspitzli
1526
2
5
Heidlen
1090
4
Hengst 1527
Bützalpsattel
1591
3
N
1 km

1 Rietbach, 1117. Bergstation der Sesselbahn Krummenau–Wolzenalp. Den Weg Richtung Speer einschlagen und entlang des Skilifts zum Wannenspitzli emporsteigen.

2 Wannenspitzli, 1526. Dem Grat Richtung Bützalpsattel folgen.

3 Bützalpsattel, 1591. Wir verlassen den Weg zum Speer und schlagen linkerhand die Route ins Ijental ein.

4 Hengst, 1527. Während der Alpzeit lädt die Alpwirtschaft zur Einkehr ein.

5 Heidlen, 1090. Wir erreichen die Talsohle des Ijentals und folgen dem Ijentaler Bach.

6 Laufenweid, 949. Nach dem Verlassen des Waldes den Weg rechts hinunter nach Neu St.Johann einschlagen.

7 Inseli, 749. Auf dem lauschigen Inseli halten wir eine verdiente Rast.

8 Krummenau, 717. Auf dem Thurweg kehren wir zum Ausgangspunkt in Krummenau zurück.

Weisser Germer.

Sumpf-Kratzdistel.

Ijental, Nesslau-Krummenau.

Stofel, Nesslau-Krummenau.

Bläss-Chopf, Nesslau-Krummenau.

RUND UM DAS SPEERMÜRLI

Nesslau – Bützalpsattel – Hengst – Bläss-Chopf – Nesslau

Durch das Ijental steigen wir über blumengesäumte Wege und stille Weiden hinauf in die Nähe des Speers und umrunden das Speermürli. Zurück gehts auf der Krete der Seilchöpf, der Heumooser Höchi und des Bläss-Chopfs. Auf dem Rückweg geniesst man die Aussicht auf Churfisten und Alpstein aus ungewohnten Perspektiven.

Start und Ziel:	Nesslau
Wanderzeit:	6 Stunden
Weglänge:	17,2 km
Höhenunterschiede:	1120 m
Ausrüstung:	Wanderschuhe
Gaststätten:	in Nesslau
	Alpwirtschaft Hengst
Parkplätze:	in Nesslau beim Bahnhof
Kartenmaterial:	Landeskarte 1:25 000 Nesslau (Blatt 1114)
	Landeskarte 1:25 000 Walensee (Blatt 1134)
	Wanderkarte 1:25 000 Mittleres Toggenburg–Gasterland (Blatt 2513)

Nesslau
759
1
Bürzlen
877
2
10
Egg
873
9
Bläss-Chopf
1459
Heidlen
1090
3
Stofel
1288
4
8
Vord. Elisiten
1570
Hengst
1527
5
7
1669
Schilt
1637
6

1 Nesslau, 759. Wir überqueren beim Johanneum die Thur und schlagen den ansteigenden Weg Richtung Ijental und Speer ein.

2 Bürzlen, 877. Der Weg führt über Laufenweid ins Ijental. Wir wandern an einem kleinen Stauweiher vorbei der Talsohle entlang.

3 Heidlen, 1090. Der Wanderweg verlässt die Fahrstrasse rechterhand bergwärts.

4 Stofel, 1288. Nun gehts aufwärts, bereits ist die Schweizerfahne der Alpwirtschaft Hengst zu sehen.

5 Hengst, 1527. Während der Alpzeit ist die Alpwirtschaft offen.

6 Schilt, 1637. Das Speermürli vor Augen, nehmen wir den Weg Richtung Bläss-Chopf und Nesslau.

7 Punkt 1669. Der höchste Punkt der Wanderung ist erreicht.

8 Vord. Elisiten, 1570. Der Krete nach gehts in einem Auf und Ab Richtung Bläss-Chopf.

9 Bläss-Chopf, 1459. Blick über die steil abfallende Nordflanke ins Ijental.

10 Egg, 873. Auf der geteerten Flurstrasse kehren wir nach Nesslau zurück.

Windpläss, Nesslau.

Eggli, Nesslau-Krummenau.

Heidlen, Ijental, Nesslau-Krummenau.

Alpen-Greiskraut.

Gössigen, Nesslau-Krummenau.

URALTE BERGAHORNE GEGEN FELSSTÜRZE

Ennetbühl – Chlosteralp – Ennetbühl

Die Wanderung auf der Sonnenseite des Toggenburgs bietet eindrückliche Aussichten auf Speer und Mattstock sowie die Glarner Alpen. Die Wege führen vorwiegend über Alpweiden und auf der Gössigenalp zeugen zahlreiche alte Bergahorn-Bäume von den Bemühungen unserer Vorfahren, die Dörfer im Tal vor Felsstürzen und Erdrutschen zu bewahren.

Start und Ziel:	Ennetbühl
Wanderzeit:	3 Stunden
Weglänge:	8 km
Höhenunterschiede:	540 m
Ausrüstung:	Wanderschuhe
Gaststätten:	in Ennetbühl
Parkplätze:	in Ennetbühl
Kartenmaterial:	Landeskarte 1:25 000 Nesslau (Blatt 1114) Wanderkarte 1:25 000 Mittleres Toggenburg–Gasterland (Blatt 2513)

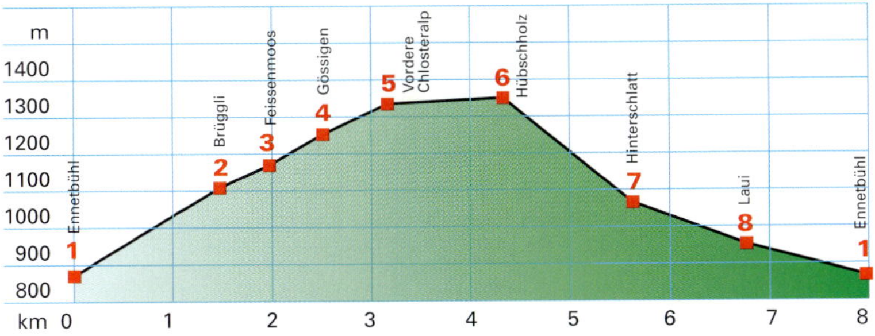

N
1 km
Hinterschlatt
1083
7
6
Hübschholz
1351
8
Laui 946
Vordere
Chlosteralp
1329
5
Ennetbühl
885
1
4
Gössigen 1264
2
Brüggli 1107
3
Feissenmoos 1174

1 Ennetbühl, 885. Durch ein Einfamilienhausquartier verlassen wir Ennetbühl und wandern in der Risi an einem typischen Toggenburger Haus vorbei steil bergwärts.

2 Brüggli, 1107. Nach wenigen Metern auf der Autostrasse biegen wir nach dem Bach rechts ab.

3 Feissenmoos, 1174. Beim Bauernhof halten wir scharf rechts Richtung Gössigenalp.

4 Gössigen, 1264. Hier beeindrucken zahlreiche mächtige, solitär stehende Bergahorne, die vor Jahrhunderten gepflanzt worden sind, um Felsstürze zu verhindern. Die ältesten sollen 650 Jahre alt sein.

5 Vordere Chlosteralp, 1329. Auf einem Alpsträsschen gehts ebenaus zur Hinteren Chlosteralp.

6 Hübschholz, 1351. Der Weg fällt steil ab zur Alp Hinterschlatt.

7 Hinterschlatt, 1083. Über Neuschwendi erreichen wir Laui.

8 Laui, 946. Auf der Teerstrasse kehren wir in einer Viertelstunde zum Ausgangspunkt zurück.

Gössigen, Krummenau.

Risi, Nesslau-Krummenau.

Ennetbühl.

Ennetbühl mit Stockberg.

Ennetbühl.

Feissenmoos, Nesslau-Krummenau.

Gössigen, Nesslau-Krummenau.

Vordere Chlosteralp, Nesslau-Krummenau.

Hintere Chlosteralp, Nesslau-Krummenau, im Hintergrund der Hinterfallenchopf.

HOCH ÜBER DEM TAL DER LUTEREN

Rietbad – Hinterfallenchopf – Rietbad

Der Hinterfallenchopf ist ein interessanter Punkt. Nordwärts blickt man über das Quellgebiet des Neckers an die Hochalp. Südwärts erfeut die Aussicht auf die nördlichste Alpsteinkette mit dem Lütispitz als Ausläufer das Auge. Abgerundet wird das Bild durch Blicke auf den Stockberg und weit ins Toggenburg hinein. Die Wanderung aus dem Tal der Luteren hinauf zum Hinterfallenchopf führt durch eine wildromantische Gegend.

Start und Ziel:	Rietbad
Wanderzeit:	3 3/4 Stunden
Weglänge:	10,2 km
Höhenunterschiede:	700 m
Ausrüstung:	Wanderschuhe
Gaststätten:	in Ennetbühl
	Restaurant Seeben, 071 994 13 63
Parkplätze:	beim Skilift Rietbad
Kartenmaterial:	Landeskarte 1:25 000 Nesslau (Blatt 1114)
	Wanderkarte 1:25 000 Mittleres Toggenburg–Gasterland (Blatt 2513)

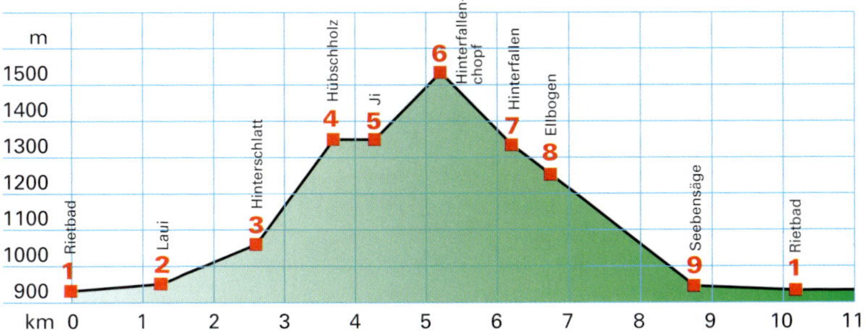

N
1 km
8
Ellbogen
1270
7
Hinterfallen
1332
9
Seebensäge
939
Hinterfallen-
chopf
6
1532
5
Ji 1352
Hübschholz
1351
4
1
Rietbad
924
2
Laui 946
3
Hinterschlatt
1083

1 Rietbad, 924. Die erste Viertelstunde folgen wir der geteerten Flurstrasse nach Ennetbühl.

2 Laui, 946. Wir verlassen die Strasse rechterhand und erreichen ansteigend über Neuschwendi die Alp Hinterschlatt.

3 Hinterschlatt, 1083. Steil aufwärts gehts zur Weggabelung Hübschholz.

4 Hübschholz, 1351. Wir schlagen den Weg rechterhand über eine kleine Krete zum Hof Ji ein.

5 Ji, 1352. Hier lassen wir uns vom kläffenden Hofhund nicht irritieren und steigen über die Alp Oberer Schirlet Richtung Hinterfallenchopf.

6 Hinterfallenchopf, 1532. Auf der sanften Kuppe des Hinterfallenchopfs angekommen, verlassen wir den Wanderweg linkerhand und erreichen nach 50 Metern den höchsten Punkt.

7 Hinterfallen, 1332. Erst steil, dann gemächlich fällt der Weg zur Alp Hinterfallen ab.

8 Ellbogen, 1270. Bei der Wegverzweigung schlagen wir den Weg genau südwärts Richtung Bruederschwendi und Seeben ein.

9 Seebensäge, 939. Auf einem schönen Wiesenweglein gehts zurück zum Ausgangspunkt.

Ob. Schirlet, Krummenau.

Ob. Schirlet, Krummenau.

Hinterfallenchopf, Krummenau, im Hintergrund die Hochalp.

Rietbad, Krummenau.

Erlenbüel, Stein, im Hintergrund der Stockberg.

AUF DEM WESTLICHSTEN GIPFEL DES ALPSTEINS

Nesslau – Stockberg – Risipass – Nesslau

Der Stockberg ist der letzte markante Gipfel der nördlichen Kette des Alpsteins, der allerdings ewas gegen Norden versetzt ist. Die markante Nordflanke besteht aus Fels- und Schrofenstufen, der Südhang dient der Alpwirtschaft und ist locker mit Tannen bestockt. Der Stockberg bietet eine eindrückliche Rundsicht ins Toggenburg, in den Alpstein und in die Churfirsten sowie in die Glarner Alpen.

Start und Ziel:	Nesslau
Wanderzeit:	5 1/2 Stunden
Weglänge:	13,7 km
Höhenunterschiede:	1080 m
Ausrüstung:	Wanderschuhe
Gaststätten:	in Nesslau
Parkplätze:	in Nesslau beim Bahnhof
Kartenmaterial:	Landeskarte 1:25 000 Nesslau (Blatt 1114) Wanderkarte 1:25 000 Obertoggenburg–Alpstein (Blatt 2514)

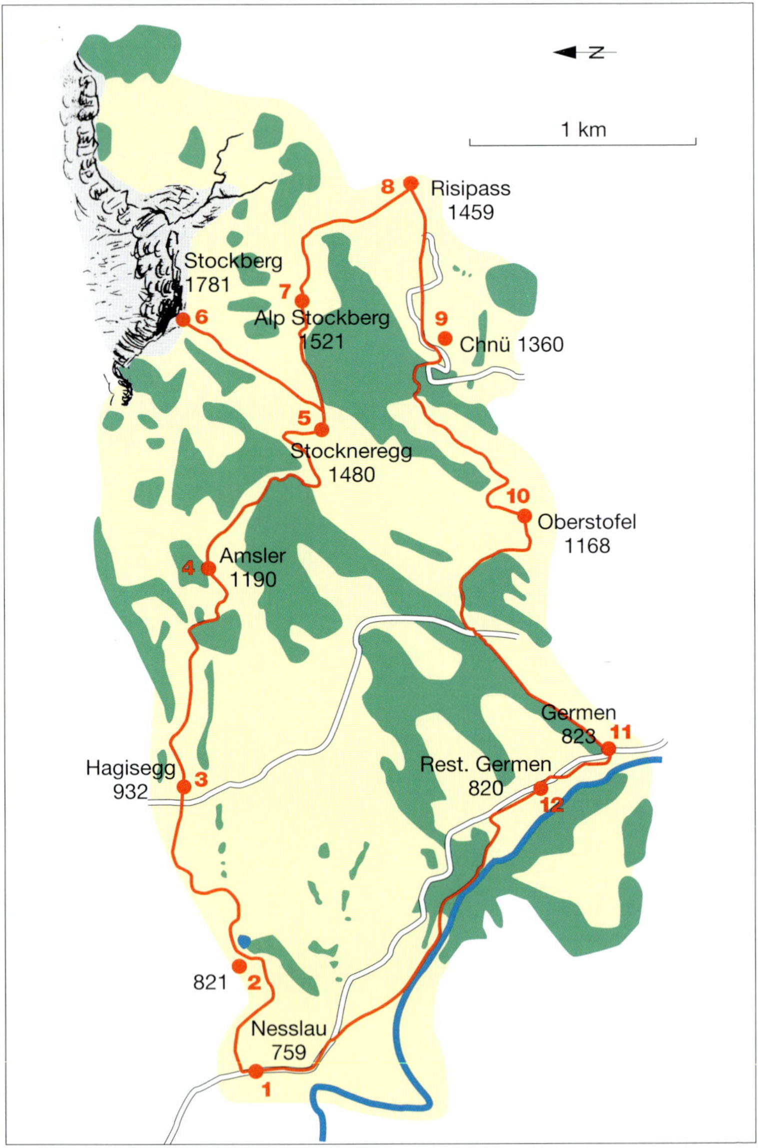
Z
1 km
8 Risipass 1459
Stockberg 1781
7 Alp Stockberg 1521
6
9 Chnü 1360
5 Stockneregg 1480
10 Oberstofel 1168
4 Amsler 1190
Germen 823 11
Hagisegg 932 3
Rest. Germen 820
12
821 2
Nesslau 759
1

1 Nesslau, 759.
2 Punkt 821. Beim Weiher rechts halten.
3 Hagisegg, 932. Ein Stück gehts auf der Teerstrasse weiter.
4 Amsler, 1190. Rechterhand das ansteigende Alpsträsschen Richtung Waldrand wählen.
5 Stockneregg, 1480. Durch ein Waldstück erreichen wir über Beerenwiti die Alp Stockneregg.
6 Stockberg, 1781. Die letzten 300 Höhenmeter erklimmen wir auf dem auf dem Wiesengrat verlaufenden Weg.
7 Alp Stockberg, 1521. Beim Abstieg in der Mitte zur Stockneregg links Richtung Alp Stockberg abbiegen.
8 Risipass, 1459. Rechts halten Richtung Nesslau.
9 Chnü, 1360. Auf Wiesenweglein gehts bergab.
10 Oberstofel, 1168. Rechts halten Richtung Germen und Nesslau.
11 Germen, 823. Hier überqueren wir die Kantonsstrasse.
12 Restaurant Germen, 820. Nach wenigen Metern entlang der Autostrasse, links abbiegen und über die Giessenfälle nach Nesslau zurückkehren.

Beerenwiti, Nesslau.

Risipass, Stein.

Stockberg, Stein, im Hintergrund die Churfirsten.

Stockberg, Blick auf Säntis.

Gräppelensee, Alt St. Johann, im Hintergrund der Wildhuser Schafberg.

AM GRÄPPELENSEE IST GUT VERWEILEN

Alt St.Johann – Gräppelensee – Alt St.Johann

Die abwechslungsreiche Wanderung führt zum Gräppelensee, wo gepflegte Rastplätze zum Verweilen einladen. Und das Verweilen lohnt sich: Der Blick schweift vom Neuenalpspitz über den Lütispitz zum Rotsteinpass und zum Wildhuser Schafberg. Auf dem Rückweg eröffnet sich den Wanderern oberhalb Alt St.Johann ein eindrückliches Churfirsten-Panorama.

Start und Ziel:	Alt St.Johann
Wanderzeit:	3 3/4 Stunden
Weglänge:	10,2 km
Höhenunterschiede:	650 m
Ausrüstung:	Wanderschuhe
Gaststätten:	in Alt St.Johann
Parkplätze:	in Alt St.Johann
Kartenmaterial:	Landeskarte 1:25 000 Nesslau (Blatt 1114) Landeskarte 1:25 000 Walensee (Blatt 1134) Wanderkarte 1:25 000 Obertoggenburg–Alpstein (Blatt 2514)

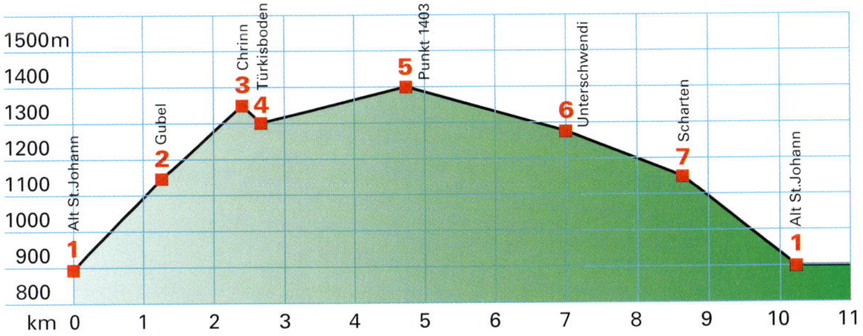

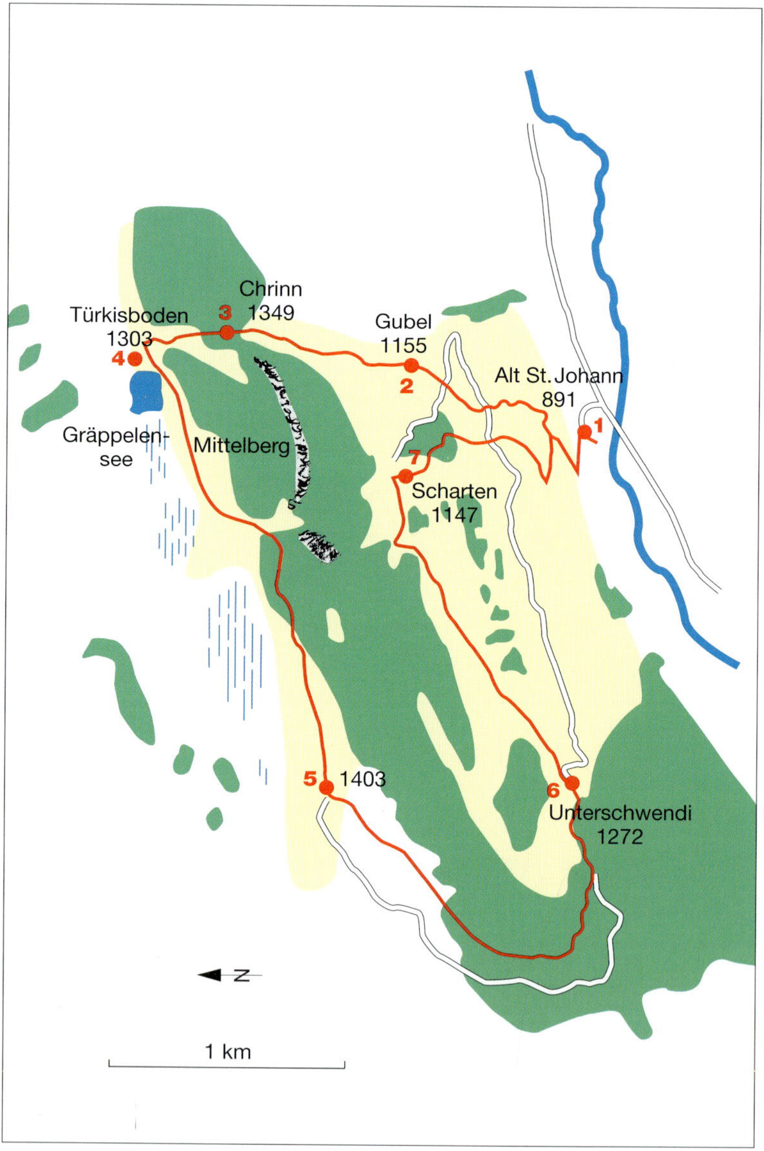
Chrinn
1349
3
Türkisboden
1303
4
Gubel
1155
2
Alt St. Johann
891
1
Gräppelen-
see
Mittelberg
7
Scharten
1147
5
1403
6
Unterschwendi
1272
N
1 km

1 Alt St.Johann, 891. In der ersten Spitzkehre der Strasse hinter der Klosterkirche verlassen wir die Autostrasse und steigen steil den Berg empor.

2 Gubel, 1155. Nach wenigen Metern auf der Strasse biegen wir rechts auf einen Wiesenweg ab.

3 Chrinn, 1349. Nach dem Erklimmen des Pässchens gehts zum Gräppelensee hinunter.

4 Türkisboden, 1303. Feuerstellen laden zum Picknicken ein.

5 Punkt 1403. Bei der Markierung auf der Teerstrasse halten wir links auf einen Wiesenweg.

6 Unterschwendi, 1272. Fast ebenaus führt der Weg über Oberschwendi nach Scharten.

7 Scharten, 1147. Nach einem letzten Blick auf das prächtige Churfirsten-Panorama steigen wir nach Alt St.Johann zum Ausgangspunkt ab.

Gubel, Alt St.Johann.

Understofel, Alt St.Johann, im Hintergrund der Lütispitz.

Windenpass, Alt St.Johann, im Hintergrund der Lütispitz.

IN DER MITTE DES KANTONS ST. GALLEN

Bernhalden – Windenpass – Lütispitz – Risipass – Bernhalden

Ereignisreiche Bergwanderung dem Nordhang der Säntiskette entlang. Wir überqueren zwei Pässe und einen Gipfel. Dazu besuchen wir auf der Lütisalp den Mittelpunkt des Kantons St.Gallen, der in einem Flachmoor liegt, in dem auch Stellen mit Hochmoorcharakter eingeschlossen sind. Hoch- und Flachmoore gehören zu den seltensten Lebensraumtypen der Schweiz.

Start und Ziel:	Bernhalden (an der Hauptstrasse Ennetbühl–Schwägalp)
Wanderzeit:	5 3/4 Stunden
Weglänge:	13,1 km
Höhenunterschiede:	1150 m
Ausrüstung:	Wanderschuhe oder Bergschuhe
Gaststätte:	Alpwirtschaft Leser, 071 994 90 01
Parkplätze:	in Bernhalden
Kartenmaterial:	Landeskarte 1:25 000 Nesslau (Blatt 1114) Wanderkarte 1:25 000 Obertoggenburg–Alpstein (Blatt 2514)
Hinweis:	Der Aufstieg zum Windenpass erfordert bei der Überwindung eines Felsbandes das Zuhilfenehmen der Hände und ist nur für trittsichere Wanderer geeignet.

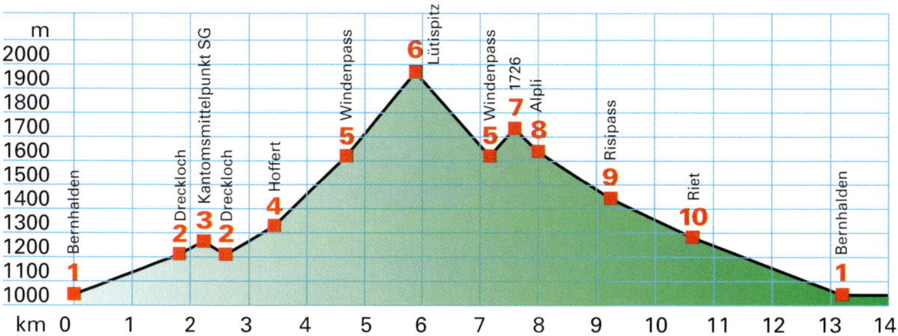

Schwägalp
Bernhalden
1030
N
1 km
Dreckloch
1213
Hoffert
1337
Mittelpunkt
Kanton St. Gallen
Riet
1288
Lütispitz 1987
Windenpass
1630
1726
Risipass
1459
Alpli
1674
1
2
3
4
5
6
7
8
9
10

1 Bernhalden, 1030. Auf der geteerten Alpstrasse gehts bis zur Alp Dreckloch.

2 Dreckloch, 1213. Hier den Wegweisern zum Kantonsmittelpunkt in südlicher Richtung folgen.

3 Kantonsmittelpunkt SG, 1276. Der Mittelpunkt des Kantons St.Gallen befindet sich in einem Moorbiotop von nationaler Bedeutung.

4 Hoffert, 1337. Wir kehren zur Alp Dreckloch zurück und nehmen rechterhand den Weg Richtung Hoffert. Dort halten wir erneut rechts und steigen auf den Windenpass.

5 Windenpass, 1630. Auf einem Kilometer überwinden wir über 300 Höhenmeter zum Lütispitz.

6 Lütispitz, 1987. Abstieg auf dem gleichen Weg zum Windenpass.

7 Punkt 1726. Höchster Punkt auf der Krete Richtung Risipass.

8 Alpli, 1674. Rechts halten Richtung Risipass.

9 Risipass, 1459. Auf einem schönen Wiesenweg gehts Richtung Riet. Wer einkehren will, wählt den Weg über die Alpwirtschaft Leser.

10 Riet, 1288. Über die Alp Dreckloch kehren wir zum Ausgangspunkt zurück.

Alpli, mit Blick auf Säntis.

Lütisalp, Krummenau.

Hoffert, Nesslau-Krummenau, im Hintergrund der Stockberg.

Kantonsmittelpunkt.

Laui mit Säntisthur, Alt St.Johann, im Hintergrund der Säntis.

NATURSCHAUSPIEL IM CHÄMMERLITOBEL

Unterwasser – Thurfälle – Laui – Unterwasser

Das Obertoggenburg bietet eine Vielfalt von Wanderungen am Südfuss des Säntismassivs. Die Thurfälle, nur wenige Gehminuten vom Dorfkern von Unterwasser entfernt, sind ein besonderes Naturschauspiel. Ein Besuch lohnt sich vor allem nach einer Regenperiode. Weiter gehts zu dem mit Tannen bestockten Alpgebiet Laui, wo sich den Besuchern beeindruckende Sichten in den Alpstein eröffnen.

Start und Ziel:	Unterwasser
Wanderzeit:	2 1/2 Stunden
Weglänge:	7,3 km
Höhenunterschiede:	370 m
Ausrüstung:	Leichtwanderschuhe
Gaststätten:	in Unterwasser
Parkplätze:	in Unterwasser
Kartenmaterial:	Landeskarte 1:25 000 Nesslau (Blatt 1114) Landeskarte 1:25 000 Walensee (Blatt 1134) Landeskarte 1:25 000 Buchs (Blatt 1135) Wanderkarte 1:25 000 Obertoggenburg–Alpstein (Blatt 2514)

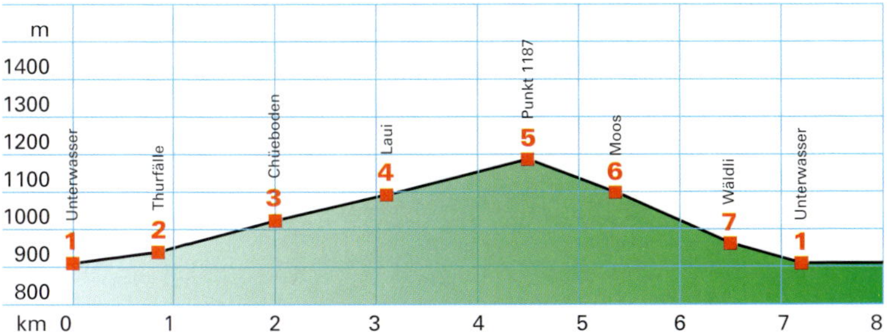

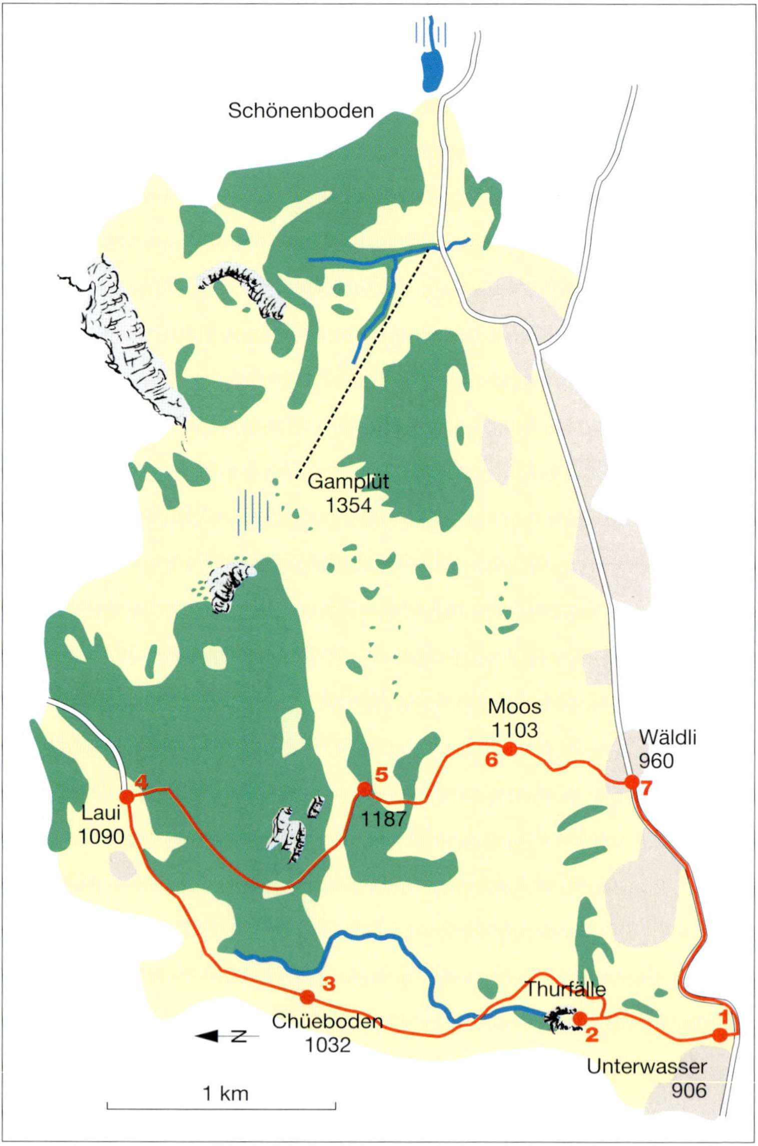
Schönenboden
Gamplüt
1354
Moos
1103
Wäldli
960
Laui
1090
1187
Thurfälle
Chüeboden
1032
Unterwasser
906
1
2
3
4
5
6
7
N
1 km

1 Unterwasser, 906. Auf einem bequemen Kiesweg wandern wir ins Chämmerlitobel.

2 Thurwasserfälle, 934. Auf gischtnassen Gitterrosten lässt sich aus der Nähe beobachten, wie die Säntisthur in der engen Schlucht über die Felsen stürzt.

3 Chüeboden, 1032. Auf der Teerstrasse gehts eine knappe halbe Stunde bis Laui.

4 Laui, 1090. Verschiedene lauschige Picknickplätze laden zum Verweilen ein. Wir schlagen den südwärts verlaufenden Wanderweg Richtung Nesslau ein.

5 Punkt 1187. Hier halten wir scharf nach rechts.

6 Moos, 1103. Nach einigen Metern auf der Strasse biegen wir links auf ein Wiesenweglein ab.

7 Wäldli, 960. Durch ein Einfamilienhaus-Quartier kehren wir nach Unterwasser zurück.

Enetthur, Alt St.Johann.

Thurfälle, Unterwasser.

Wildhuser Schafberg.

DIE KÖNIGSTOUR IM OBERTOGGENBURG

Wildhaus – Wildhuser Schafberg – Gamplüt

Der Wildhuser Schafberg ist der dritthöchste Berg im Alpstein und dominiert mit seiner tektonisch ausgeprägten Westflanke und dem ebenmässigen Südhang das Obertoggenburg. Die Besteigung des Gipfels ist die Königstour unter all den prächtigen Wanderungen im Obertoggenburg.

Start:	Talstation Gondelbahn Wildhaus–Gamplüt
Ziel:	Bergstation Gondelbahn Wildhaus–Gamplüt
Wanderzeit:	5 1/4 Stunden
Weglänge:	7,5 km
Aufstiege:	1340 m
Abstiege:	1070 m
Ausrüstung:	Wanderschuhe oder Bergschuhe
Gaststätten:	in Wildhaus
	Bergrestaurant Gamplüt, 071 999 21 72
Bergbahn:	Gondelbahn Wildhaus–Gamplüt, 071 999 21 72
Parkplätze:	bei der Talstation Gondelbahn Wildhaus–Gamplüt
Kartenmaterial:	Landeskarte 1:25 000 Säntis (Blatt 1115)
	Wanderkarte 1:25 000 Obertoggenburg–Alpstein (Blatt 2514)
Hinweis:	Eine Wanderung für trittsichere Berggänger mit guter Kondition.

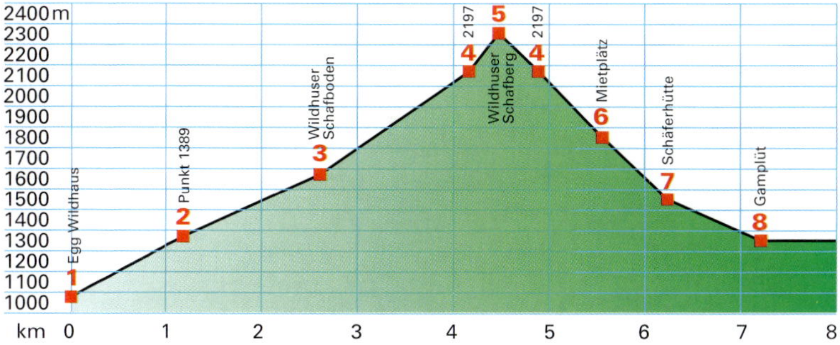

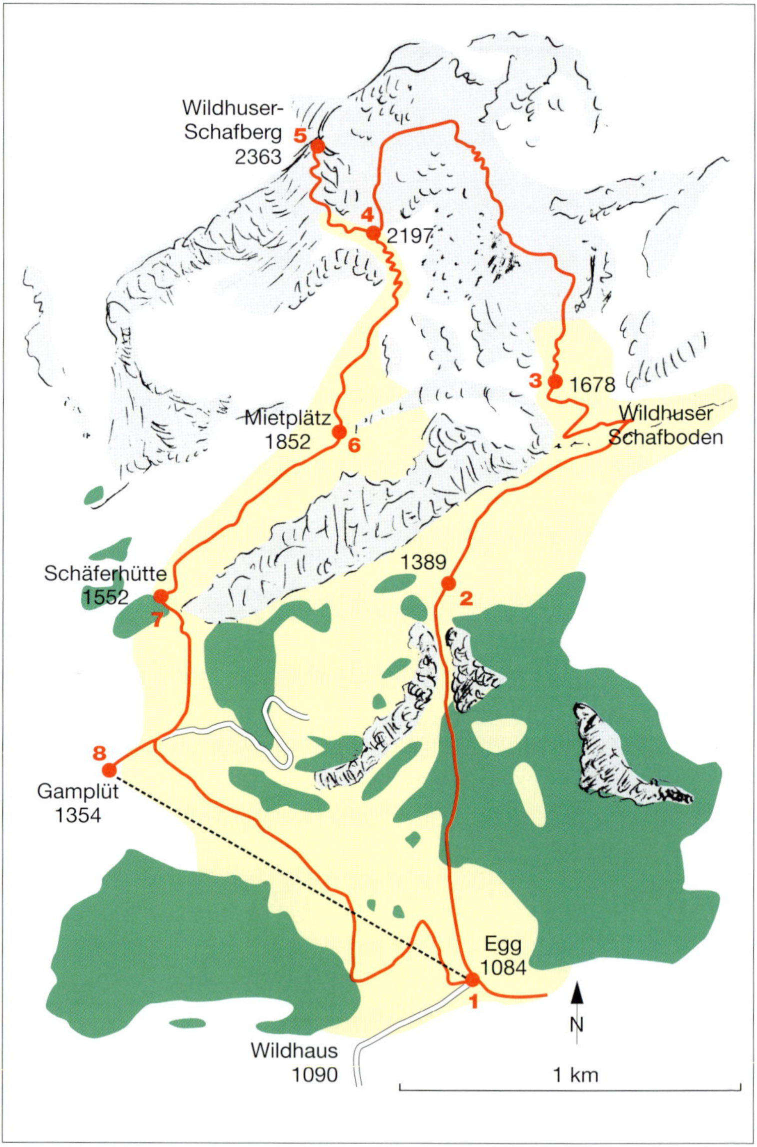
Wildhuser-
Schafberg
2363
5
4
2197
3
1678
Wildhuser
Schafboden
Mietplätz
1852
6
Schäferhütte
1552
7
1389
2
8
Gamplüt
1354
Egg
1084
1
Wildhaus
1090
N
1 km

1 Egg, 1084. Von der Talstation der Gondelbahn Wildhaus-Gamplüt gelangen wir durchs Flürentobel an den Fuss der Schafbergwand.

2 Punkt 1389. Auf einem sehr gut ausgebauten Bergweg steigen wir zum Wildhuser Schafboden auf.

3 Wildhuser Schafboden, 1678. Der Weg wird schmaler und steiler, führt über Schneefelder und Felsbänder.

4 Punkt 2197. Auf dem Grassattel angelangt eröffnet sich uns die Rundsicht ins Toggenburg, auf die Churfirsten und die dahinter liegenden Alpengipfel.

5 Wildhuser Schafberg, 2363. Auf einem schmalen Wiesenweglein gelangen wir zum Gipfel mit der Blechfahne. Über eine mit einem Drahtseil gesicherte Wand kann der zweite um 10 Meter höhere Schafberggipfel erreicht werden.

6 Mietplätz, 1852. Abstieg über Wiesenwege.

7 Schäferhütte, 1552. Der steile Abstieg geht weiter.

8 Gamplüt, 1354. Knieschonende Rückkehr zum Ausgangspunkt mit der Gondelbahn.

Bergbahn Wildhaus-Gamplüt.

Wildhuser Schafberg.

Gamplüt, Wildhaus, im Hintergrund der Wildhuser Schafberg.

Wildhuser Schafberg.

Gulmen, Wildhaus.

LEGFÖHRENGESÄUMTE TIEFBLICKE INS RHEINTAL

Gamplüt – Gulmen – Wildhaus

Wer zu den höchst gelegenen Legföhrenhängen im Toggenburg gelangen will, steigt auf den Wildhauser Gulmen. Eine abwechslungsreiche Wanderung in wilder Natur auf die rundliche Bergkuppe, von wo aus wir Tiefblicke ins Rheintal, auf die Mulde von Wildhaus sowie das Panorama auf Alvier-Gruppe und Churfirsten geniessen.

Start:	Bergstation Gondelbahn Wildhaus–Gamplüt
Ziel:	Talstation Gondelbahn Wildhaus–Gamplüt
Wanderzeit:	4 $^{1}/_{4}$ Stunden
Weglänge:	11 km
Aufstiege:	750 m
Abstiege:	1020 m
Ausrüstung:	Wanderschuhe oder Bergschuhe
Gaststätten:	in Wildhaus
	Bergrestaurant Gamplüt, 071 999 21 72
Bergbahn:	Gondelbahn Wildhaus–Gamplüt, 071 999 21 72
Parkplätze:	bei der Talstation Gondelbahn Wildhaus–Gamplüt
Kartenmaterial:	Landeskarte 1:25 000 Säntis (Blatt 1115)
	Wanderkarte 1:25 000 Obertoggenburg–Alpstein (Blatt 2514)

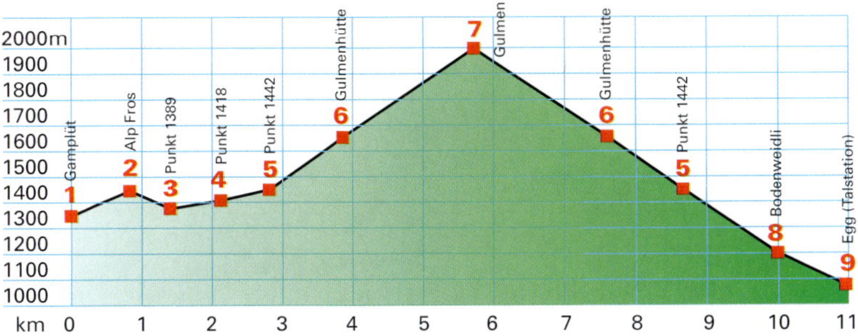

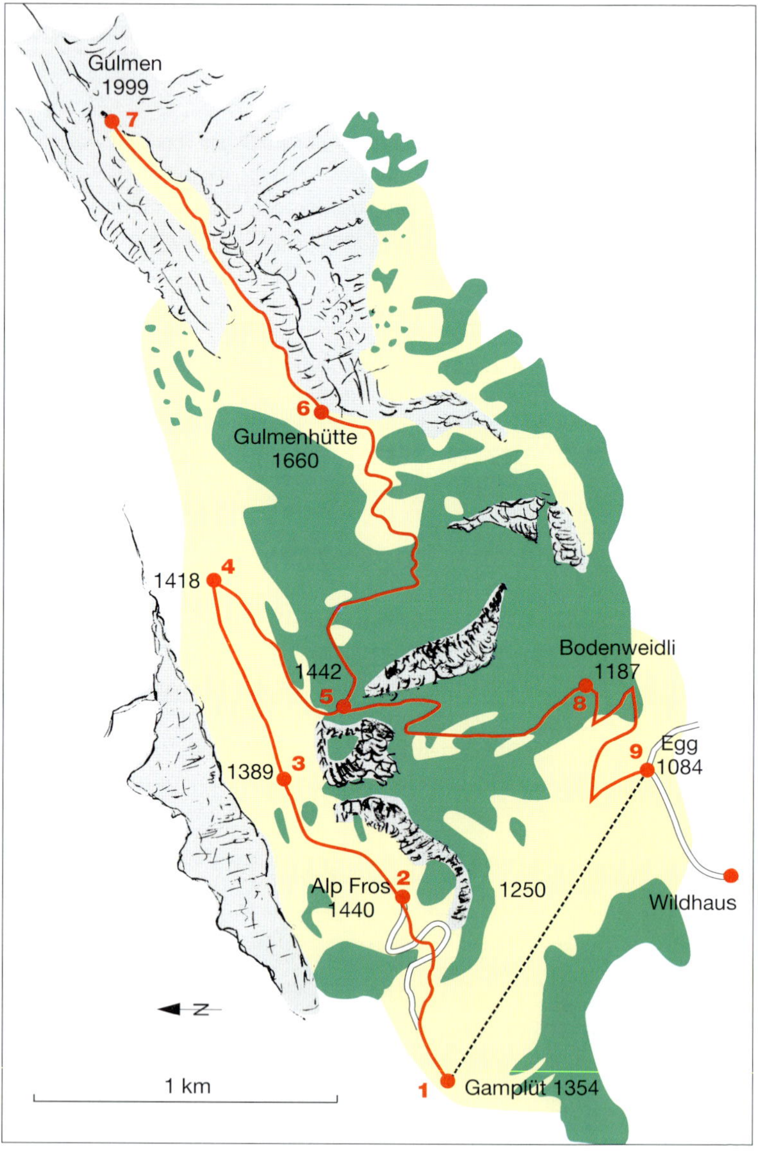

Gulmen
1999
7
6
Gulmenhütte
1660
4
1418
1442
5
Bodenweidli
1187
8
3
1389
9
Egg
1084
2
Alp Fros
1440
1250
Wildhaus
N
1 km
1
Gamplüt 1354

1 Gamplüt, 1354. Von der Bergstation der Gondelbahn Wildhaus-Gamplüt folgen wir der Alpstrasse auf die Alp Fros.

2 Alp Fros, 1440. Unter der Schafbergwand wandern wir zu Punkt 1389, wo zwei Ruhebänke zum Verweilen einladen.

3 Punkt, 1389. Weiter Richtung Alp Tesel.

4 Punkt 1418. Wir machen beinahe eine Spitzkehre und schlagen den Pfad über die Alpweide ein.

5 Punkt 1442. Wir halten im Wald nach links und steigen stetig bergauf.

6 Gulmenhütte, 1660. Waldweg bis fast auf 1700 m Höhe, dann nur noch lockere Baumbestände, vor allem Legföhren.

7 Gulmen, 1999. Auf dem gleichen Weg bis zu Punkt 5 zurück, dort links Richtung Bodenweidli absteigen.

8 Bodenweidli, 1187. Auf schönen Wiesenwegen zurück nach Egg.

9 Egg, 1084. Bei der Talstation der Gondelbahn Wildhaus-Gamplüt erreichen wir den Ausgangspunkt unserer Wanderung.

Tesel, Wildhaus.

Gulmen, Wildhaus.

Gulmen, Wildhaus.

Legföhrenspross.

SAC-Hütte Zwinglipass, Wildhaus.

AN DER GRENZE ZUM APPENZELLERLAND

Gamplüt – Zwinglipass – Chreialpfirst – Mutschensattel – Gamplüt

Diese Wanderung führt an den äussersten nordöstlichen Punkt des Toggenburgs: zum Mutschensattel. Diesen Punkt erreichen wir über einen Umweg über die Zwinglipass-Hütte des SAC und den Chreialpfirst. Die Route garantiert einmalige Einblicke in die Alpsteinketten und spektakuläre Ausblicke auf den Säntis. Eine erlebnisreiche Wanderung an der Grenze zum Appenzellerland.

Start und Ziel:	Bergstation Gondelbahn Wildhaus–Gamplüt
Wanderzeit:	5 Stunden
Weglänge:	13,5 km
Höhenunterschiede:	930 m
Ausrüstung:	Wanderschuhe
Gaststätten:	in Wildhaus
	Bergrestaurant Gamplüt, 071 999 21 72
	SAC-Hütte Zwinglipass, 071 988 28 02
Bergbahn:	Gondelbahn Wildhaus–Gamplüt, 071 999 21 72
Parkplätze:	bei der Talstation Gondelbahn Wildhaus–Gamplüt
Kartenmaterial:	Landeskarte 1:25 000 Säntis (Blatt 1115)
	Wanderkarte 1:25 000 Obertoggenburg– Alpstein (Blatt 2514)

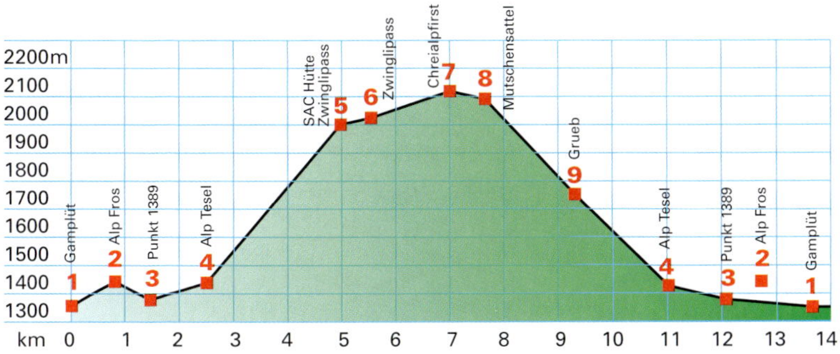

Mutschensattel
2099
8
Chreialpfirst
2126
7
9
Grueb
1752
Zwinglipass
2011
6
5
SAC-Hütte
Zwinglipass
1999
Alp Tesel
1433
4
1389
3
Alp Fros
1440
2
N
Wildhaus
1 km
1
Gamplüt
1364

1 Gamplüt, 1364. Von der Bergstation der Gondelbahn Wildhaus-Gamplüt folgen wir der Alpstrasse auf die Alp Fros.

2 Alp Fros, 1440. Unter der Schafbergwand wandern wir zu Punkt 1389.

3 Punkt 1389. Geradeaus zur Alp Tesel

4 Alp Tesel, 1433. Links halten und Richtung Zwinglipass aufsteigen.

5 SAC-Hütte Zwinglipass, 1999. Nach 500 m erreichen wir den Zwinglipass.

6 Zwinglipass, 2011. Rechts halten, schöne Wanderung über den Chreialpfirst mit Einblicken in die Alpsteinketten.

7 Chreialpfirst, 2126. Schöner Blick auf den Säntis.

8 Mutschensattel, 2099. Hier lohnt sich der kurze Abstecher auf den Mutschen, wo eine einmalige Aussicht ins Rheintal lockt.

9 Grueb, 1752. Abstieg auf gutem Bergweg durch Alpweiden. Die Route führt weiter zur Alp Tesel und von dort aus denselben Weg zurück nach Gamplüt, wo uns die Gondelbahn wieder nach Wildhaus zurückbringt.

Gamplüt, Wildhaus.

Wiesen-Flockenblume.

Alp Tesel, Wildhaus.

Alp Tesel, Wildhaus.

Chreialp, Wildhaus, mit Girenspitz.

Chreialp, Wildhaus.

Chreialpfirst, Wildhaus.

Chreialpfirst, Wildhaus.

Mutschensattel, Sennwald, im Hintergrund die Chrüzberge.

Ober Grueb, Wildhaus.

Gulmen, Amden.

AUSSICHTSPUNKT AUF DER AMDENERHÖHE

Stein – Hinter Höhi – Gulmen – Vorder Höhi – Stein

Der Gulmen prägt mit seiner runden Kuppe das Gebiet der Amdenerhöhe und ist ein schöner Aussichtsberg zwischen Hinter und Vorder Höhi. Beim Abstieg dem Dürrenbach entlang nach Stein beeindruckt die Kunst der Wasserbau-Ingenieure: Zahlreiche Bachsperren schützen das Dorf Stein und die Kantonsstrasse vor Überschwemmungen und Murgängen.

Start und Ziel:	Stein
Wanderzeit:	6 1/4 Stunden
Weglänge:	17,5 km
Höhenunterschiede:	1120 m
Ausrüstung:	Wanderschuhe
Gaststätten:	in Stein
Parkplätze:	in Stein
Kartenmaterial:	Landeskarte 1:25 000 Walensee (Blatt 1134) Wanderkarte 1:25 000 Mittleres Toggenburg–Gasterland (Blatt 2513)

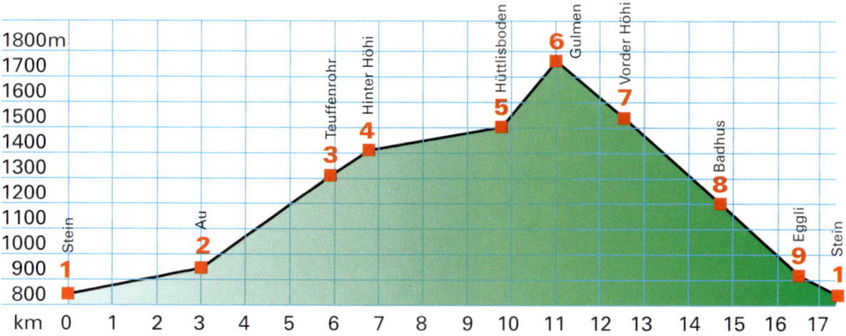

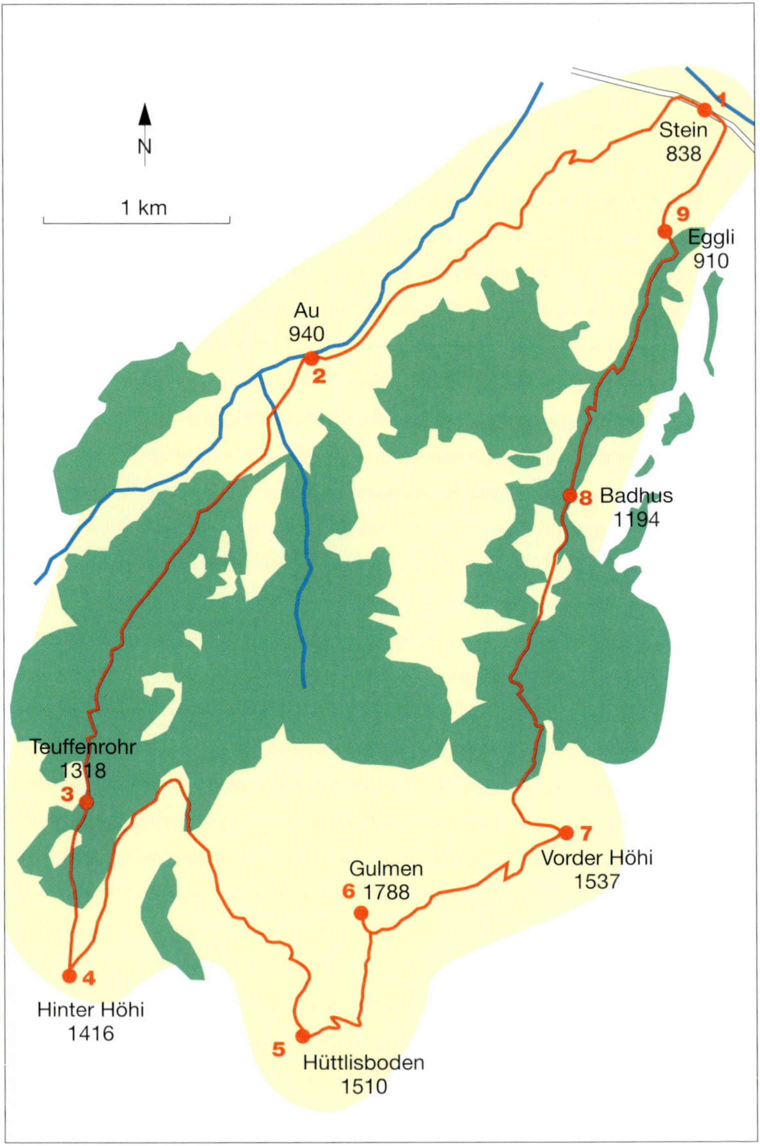
N
1 km
1
Stein
838
9
Eggli
910
Au
940
2
8 Badhus
1194
Teuffenrohr
1318
3
7
Vorder Höhi
1537
Gulmen
6 1788
4
Hinter Höhi
1416
5
Hüttlisboden
1510

1 Stein, 838. Die erste Stunde der Wanderung verläuft auf einer geteerten Flurstrasse.

2 Au, 940. Hier überqueren wir zweimal die Wiss Thur und halten links Richtung Hinter Höhi.

3 Teuffenrohr, 1318. Nach Tergeten verlassen wir die Strasse und biegen linkerhand auf einen Waldweg ein, der bei Teuffenrohr entlang schöner Moorwiesen führt.

4 Hinter Höhi, 1416. Wir machen eine scharfe Linkskurve und wandern mit leichtem Auf und Ab an der Alpwirtschaft Furgglen vorbei zur Alp Hüttlisboden.

5 Hüttlisboden, 1510. Wir wählen linkerhand den steilen Aufstieg auf den Gulmen.

6 Gulmen, 1788. Prächtige Sicht auf Amden, Walensee, Mattstock, Speer, Mürtschenstock und die Glarner Alpen.

7 Vorder Höhi, 1537. Wir steigen links Richtung Dürrenbachfälle nach Stein ab.

8 Badhus, 1194. Nach wenigen Metern auf der Teerstrasse biegt der Weg rechts in den Wald ab. Imposante Bachverbauungen.

9 Eggli, 910. Auf der Strasse zurück nach Stein.

Goldacher Wald, Nesslau.

Hinter Höhi, Amden.

Tergeten, Nesslau.

Letzbüel, Amden.

Furgglen, Amden.

Hüttlisboden, Amden.

Gulmen, Amden.

Egg, Amden.

Vorder Höhi, Amden.

Schönenboden, Amden.

Dürrenbach, Amden.

Dürrenbachfälle, Stein.

Flügenspitz, Amden.

WANDERKLASSIKER AM FUSS DES LEISTCHAMMS

Arvenbüel – Flügenspitz – Arvenbüel

Die Wanderung auf den Flügenspitz gilt als Klassiker der leichten Wanderungen der Feriengäste in Arvenbüel und Amden. Dies nicht ohne Grund: Die Aussicht ist beeindruckend, die Anstrengung hält sich in Grenzen und in zwei gemütlichen Alpwirtschaften ist man gern gesehener Gast.

Start und Ziel:	Arvenbüel
Wanderzeit:	3 Stunden
Weglänge:	8,6 km
Höhenunterschiede:	600 m
Ausrüstung:	Wanderschuhe
Gaststätten:	in Arvenbüel
	Alpwirtschaft Altschen
	Alpwirtschaft Looch
Parkplätze:	in Arvenbüel
Kartenmaterial:	Landeskarte 1:25 000 Walensee (Blatt 1134)
	Wanderkarte 1:25 000 Mittleres Toggenburg–Gasterland (Blatt 2513)

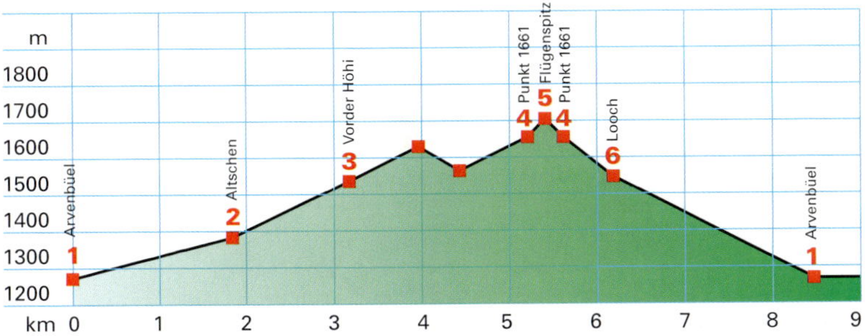

1661
4
Vorder Höhi
1537
5
Flügenspitz
1703
3
Looch 1535
6
1450
2
Altschen
1388
Gulmen
1788
Arvenbüel
1273
1
N
1 km
Amden
935

1 Arvenbüel, 1273. Durch die Ferienhäuser von Arvenbüel gehts auf der Teerstrasse bis zur Bergstation des Skilifts, wo der Wanderweg am Reservoir vorbei in den Wald einbiegt.

2 Altschen, 1388. Über einen schönen Wiesenweg erreichen wir die Alp Altschen, wo in der Alpwirtschaft eine Erfrischung lockt.

3 Vorder Höhi, 1537. In einer knappen halben Stunde erreichen wir auf der geteerten Alpstrasse die Vorder Höhi.

4 Punkt 1661. Über Saum und Bärenegg gehts durch Moorgebiet und Wälder mit viel totem Holz Richtung Süden.

5 Flügenspitz, 1703. Wir halten rechts und erklimmen auf dem steilen Bergweglein die letzten vierzig Höhenmeter zum Flügenspitz, der als kahler Kopf am Fusse des Leistchamms aus den umliegenden Wäldern ragt.

6 Looch, 1535. Die Alpwirtschaft Looch bietet Möglichkeit zur Einkehr. Auf Alpsträsschen und Wiesenwegen steigen wir zum Ausgangspunkt nach Arvenbüel hinunter.

Heiggen, Amden.

Flügenspitz, Amden.

Vorder Höhi, Amden.

Vorder Höhi, Amden.

Lämboden, Alt St.Johann, im Hintergrund Schibenstoll, Zuestoll und Brisi.

SAGENHAFTES UNTER DEN SIEBEN CHURFIRSTEN

Alp Selamatt – Wildenmannlisloch – Alp Selamatt

Auf der Alp Selamatt eröffnet sich den Besuchern ein eigentliches Wanderparadies. Die Route zum Wildenmannlisloch folgt teilweise dem Sagenweg. Dieser führt über zehn Stationen, an denen bemalte Holztafeln die Figuren der Sagen darstellen, die auch in Kurzform nachzulesen sind. Beeindruckend sind die blumenreichen Wiesen, die Nähe der Gipfel der Churfirsten sowie der Blick in den Alpstein.

Start und Ziel:	Bergstation Sesselbahn Alt St.Johann–Alp Selamatt
Wanderzeit:	4 Stunden
Weglänge:	12 km
Höhenunterschiede:	560 m
Ausrüstung:	Leichtwanderschuhe
Gaststätten:	Berghotel Sellamatt, 071 999 13 30 Alpwirtschaft zum Wilden Mannli, Strichboden
Bergbahnen:	Sportanlagen Alt St.Johann–Sellamatt AG, 071 999 11 75
Parkplätze:	bei der Talstation der Sesselbahn Alt St.Johann–Alp Selamatt
Kartenmaterial:	Landeskarte 1:25 000 Walensee (Blatt 1134) Wanderkarte 1:25 000 Obertoggenburg–Alpstein (Blatt 2514)

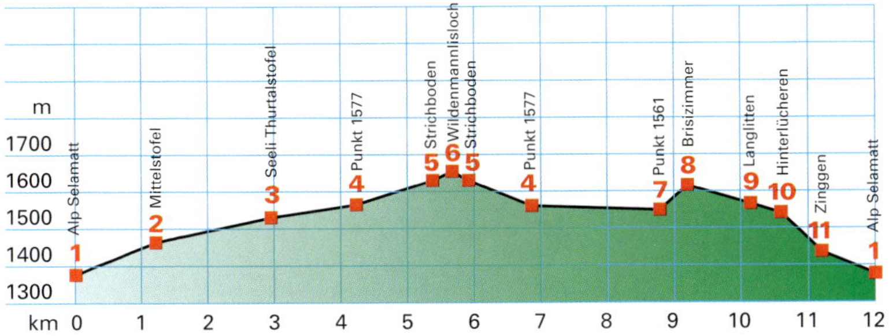

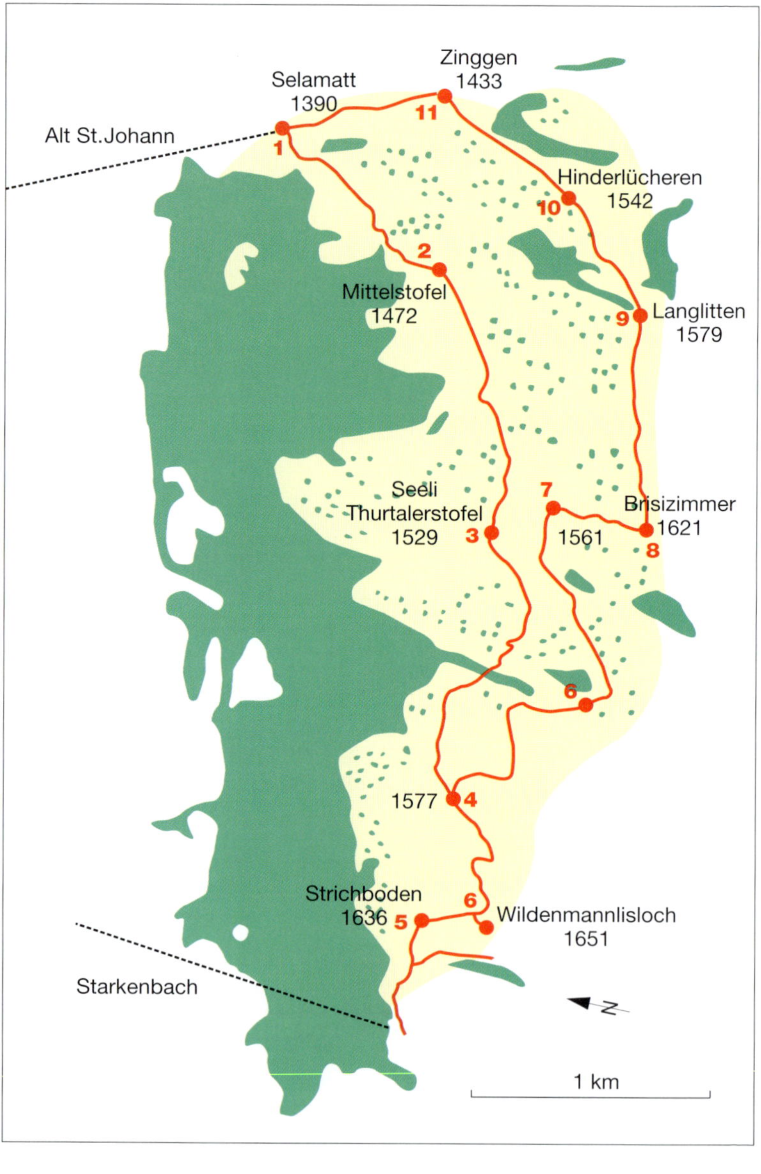
Zinggen
1433
Selamatt
1390
11
Alt St.Johann
1
Hinderlücheren
1542
10
2
Mittelstofel
1472
9
Langlitten
1579
7
Seeli
Thurtalerstofel
1529
3
Brisizimmer
1561
1621
8
6
1577
4
Strichboden
1636
5
6
Wildenmannlisloch
1651
Starkenbach
N
1 km

1 Alp Selamatt, 1390. Der Weg führt durch blumenreiche, mit einzelnen Tannen bestockte Wiesen.

2 Mittelstofel, 1472. Wir begleiten ein Stück weit den Sagenweg.

3 Seeli Thurtalerstofel, 1529.

4 Punkt 1577. Wir folgen dem Alpsträsschen Richtung Strichboden.

5 Strichboden, 1636. Kurz vor der Alpwirtschaft führt der Weg links zum Wildenmannlisloch hinauf.

6 Wildenmannlisloch, 1651. Die Höhle ist rund 140 m lang. Funde weisen darauf hin, dass hier vor 40 000 Jahren Urmenschen gelebt haben.

7 Punkt 1561. Auf dem Rückweg bleiben wir auf der Alpstrasse ohne Höhe zu verlieren und biegen bei Punkt 1561 rechts bergwärts ab.

8 Brisizimmer, 1621. Wir halten links.

9 Langlitten, 1579.

10 Hinderlücheren, 1542.

11 Zinggen, 1433. Nordwärts gelangen wir zum Ausgangspunkt auf der Alp Selamatt.

Hinderlücheren, Alt St. Johann.

Selamatt, Alt St. Johann.

Selamatt, Sagenweg, im Hintergrund Frümsel und Selun.

Mittel Stofel, Alt St. Johann.

Berg-Flockenblume.

Bärtige Glockenblume, weisse Mutation.

Gold-Pippau.

Rot-Klee.

Gewöhnlicher Hornklee.

Feld-Thymian.

Thurtalerstofel, Alt St.Johann.

Wildenmannlisloch, Alt St.Johann.

Brisi, Alt St.Johann.

SPEKTAKULÄRE TIEFBLICKE AUF DEN WALENSEE

Alp Selamatt – Brisi – Alp Selamatt

Breit, wuchtig und behäbig liegt er als Fünfter in der Reihe der Churfirsten: Der Brisi. Im Gegensatz zu Schibenstoll, Zuestoll und Frümsel ist er für jedermann gefahrlos zugänglich. Vorausgesetzt man verfügt über die notwendige Kondition, um die fast 1000 Höhenmeter auf kurzer Distanz zu überwinden. Als Lohn für den schweisstreibenden Aufstieg winken Rundblicke ins Toggenburg und in den Alpstein, in die Glarner Alpen und spektakuläre Tiefblicke auf den Walensee.

Start und Ziel:	Bergstation Sesselbahn Alt St.Johann–Alp Selamatt
Wanderzeit:	4¾ Stunden
Weglänge:	10,2 km
Höhenunterschiede:	950 m
Ausrüstung:	Wanderschuhe oder Bergschuhe
Gaststätten:	Berghotel Sellamatt, 071 999 13 30
Bergbahnen:	Sportanlagen Alt St.Johann–Sellamatt AG, 071 999 11 75
Parkplätze:	bei der Talstation der Sesselbahn Alt St.Johann–Alp Selamatt
Kartenmaterial:	Landeskarte 1:25 000 Walensee (Blatt 1134) Wanderkarte 1:25 000 Obertoggenburg–Alpstein (Blatt 2514)

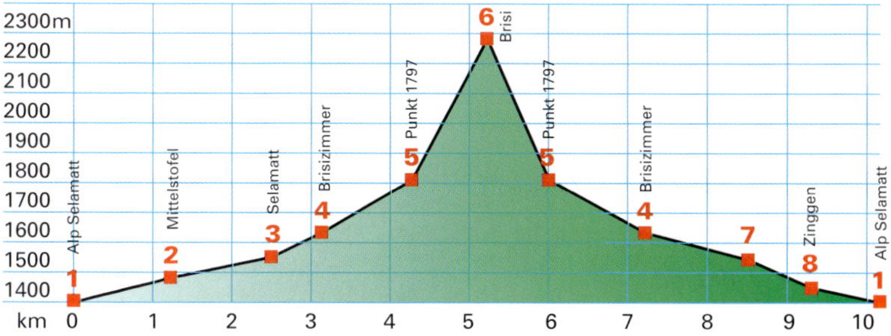

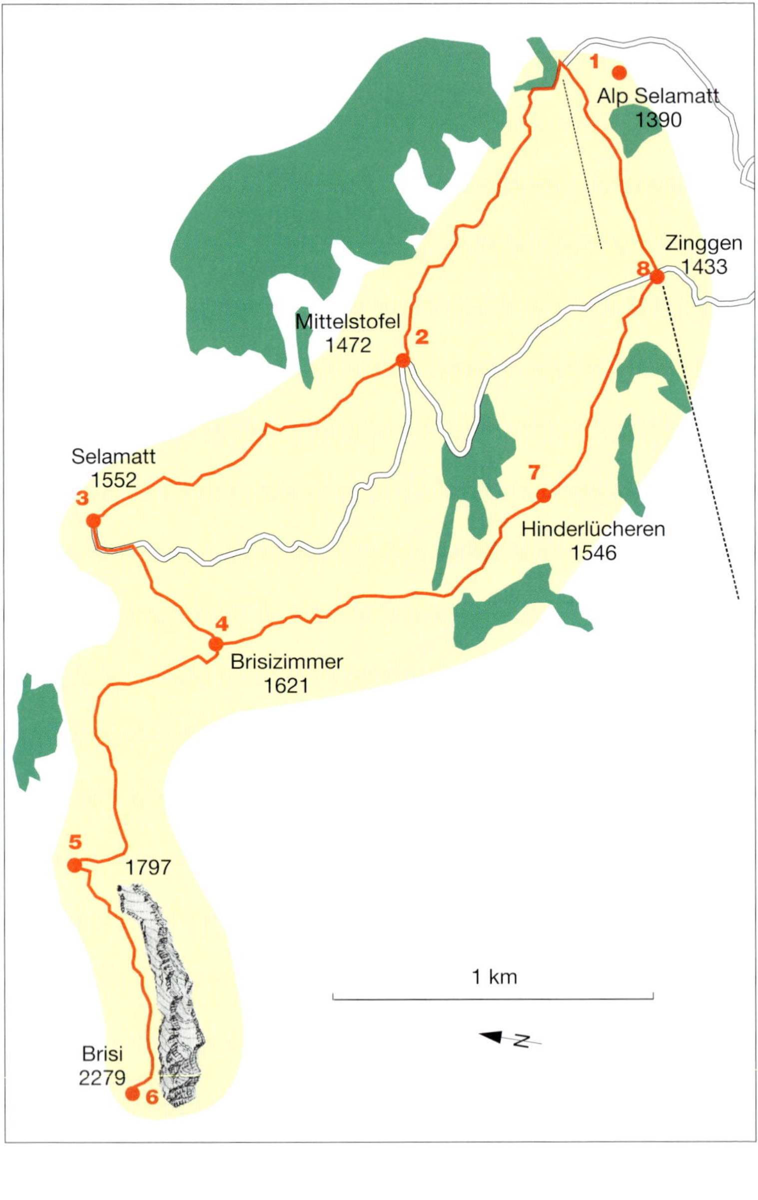
1
Alp Selamatt
1390
Zinggen
1433
8
Mittelstofel
1472
2
Selamatt
1552
3
7
Hinderlücheren
1546
4
Brisizimmer
1621
5
1797
1 km
N
Brisi
2279
6

1 Alp Selamatt, 1390. Auf Wiesenwegen wandern wir dem Sagenweg entlang.

2 Mittelstofel, 1472. Wir halten rechts und schlagen den Weg Richtung Lochhütte ein.

3 Selamatt, 1552. An der Kreuzung mit der Fahrstrasse folgen wir dem Wegweiser Richtung Brisi.

4 Brisizimmer, 1621. Kurz vor der Alphütte zweigt der Bergweg links ab.

5 Punkt 1797. Wir halten links und betreten durch ein Gatter die Schafweiden.

6 Brisi, 2279. Über den Trümmerhang des Brisi Nordrückens erreichen wir den Gipfel. Abstieg über dieselbe Route bis Brisizimmer, dort rechts halten Richtung Langlitten und Hinderlücheren.

7 Hinderlücheren, 1546.

8 Zinggen, 1433. Auf dem Alpsträsschen erreichen wir den Ausgangspunkt auf der Alp Selamatt.

Brisizimmer mit Brisi.

Thurtalerstofel, Alt St.Johann, im Hintergrund Zuestoll, Brisi, Frümsel und Selun.

Brisital, Alt St.Johann.

Brisi, Alt St.Johann, im Hintergrund Zuestoll, Schibenstoll und Hinderrugg.

Brisi, Alt St.Johann, mit Tiefblick auf Walenstadt.

Brisi, Alt St.Johann, mit Tiefblick auf Unterterzen, Quarten und Murg.

Hinderrugg, Alt St.Johann.

BOTANISCHE LECKERBISSEN IM GLURISTAL

Alp Selamatt – Hinderrugg – Chäserrugg – Alp Selamatt

Hinderrugg und Chäserrugg zählen zu den höchsten der sieben Churfirsten. Wer über das Gluristal zum Hinderrugg hinaufwandert, kann sich kaum satt sehen an der Vielfalt der alpinen Flora. Ein Geheimtipp: anfangs August blüht hier der Ostalpenenzian. Die Churfirsten bieten dem Ostalpenenzian den westlichsten Standort in den Alpen, er kommt sonst nirgends in der Schweiz vor.

Start und Ziel:	Bergstation Sesselbahn Alt St.Johann–Alp Selamatt
Wanderzeit:	4 3/4 Stunden
Weglänge:	11,2 km
Höhenunterschiede:	960 m
Ausrüstung:	Wanderschuhe oder Bergschuhe
Gaststätten:	Berghotel Sellamatt, 071 999 13 30 Gipfelrestaurant Chäserrugg, 071 999 22 29 Berggasthaus Stöfeli, 071 999 11 48
Bergbahnen:	Sportanlagen Alt St.Johann–Sellamatt AG, 071 999 11 75
Parkplätze:	bei der Talstation der Sesselbahn Alt St.Johann–Alp Selamatt
Kartenmaterial:	Landeskarte 1:25 000 Walensee (Blatt 1134) Wanderkarte 1:25 000 Obertoggenburg–Alpstein (Blatt 2514)

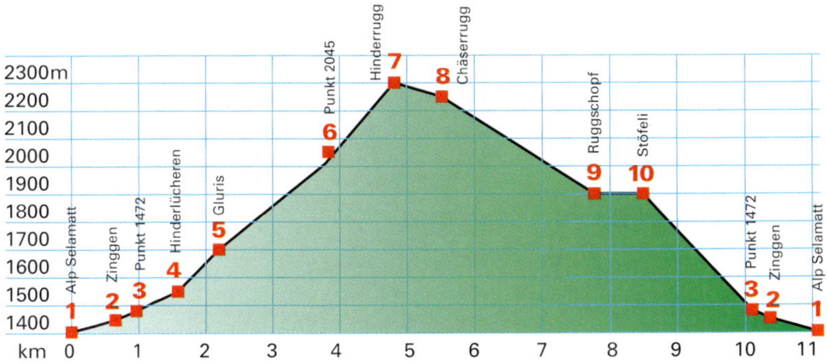

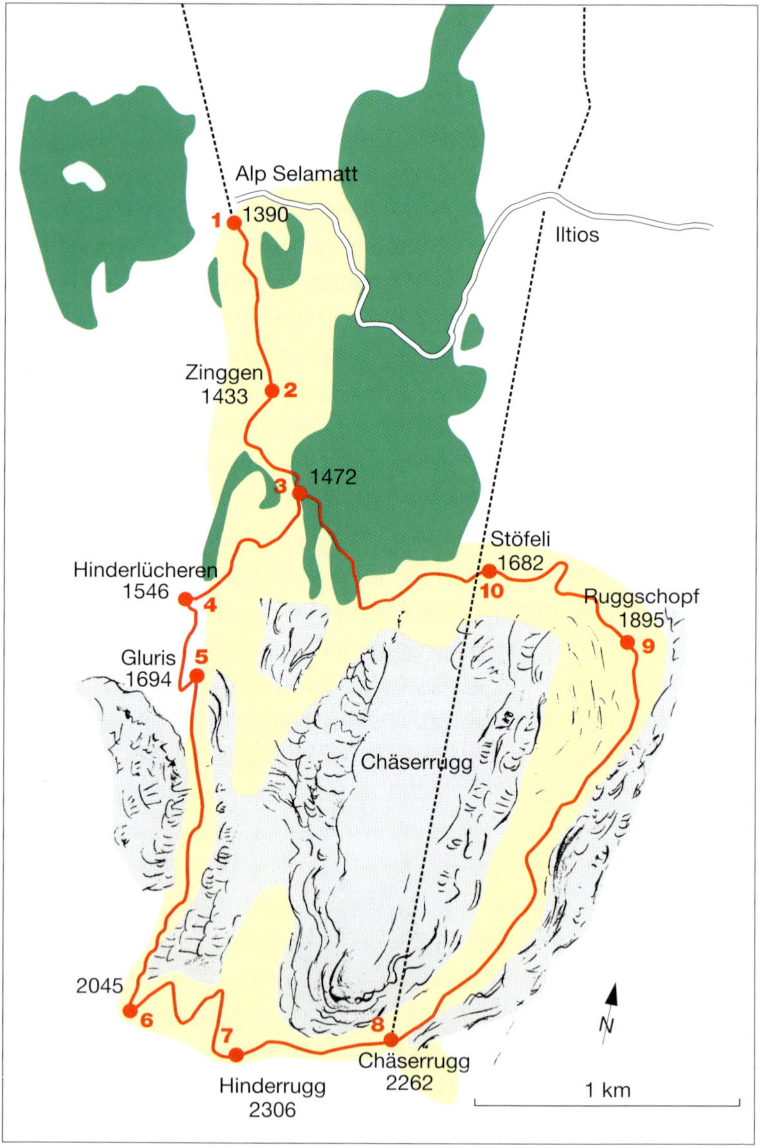
Alp Selamatt
1
1390
Iltios
Zinggen
1433
2
3
1472
Stöfeli
1682
10
Hinderlücheren
1546
4
Ruggschopf
1895
9
Gluris
1694
5
Chäserrugg
2045
6
7
8
Chäserrugg
2262
Hinderrugg
2306
N
1 km

1 Alp Selamatt, 1390. Auf dem Alpsträsschen zur Wegverzweigung Zinggen.

2 Zinggen, 1433. Rechts halten und nach wenigen Metern links auf das bergwärts verlaufende Wiesenweglein einbiegen.

3 Punkt 1472. Den Weg Richtung Gluris einschlagen.

4 Hinderlücheren, 1546. Links halten.

5 Gluris, 1694. Richtung Süden das Gluristal hinaufwandern. Dieses zählt zu den blumenreichsten Gegenden des Toggenburgs.

6 Punkt 2045. Die Krete der Churfirsten ist erreicht. Ein steiler Bergweg führt auf den höchsten Punkt der Churfirsten.

7 Hinderrugg, 2306.

8 Chäserrugg, 2262. Richtung Stöfeli absteigen.

9 Ruggschopf, 1895. Richtung Selamatt wählen.

10 Stöfeli, 1682. Ab Punkt 1472 kehren wir auf demselben Weg zur Alp Selamatt zurück.

Ostalpenenzian.

Alp Selamatt, Alt St.Johann.

Hinderlücheren, Alt St.Johann.

Gluris, Alt St.Johann.

Gluristal, Alt St.Johann.

Gluristal, Alt St.Johann.

Hinderrugg, Alt St.Johann.

Chäserrugg, Alt St.Johann.

Gamsalp, Grabs.

HALBTAGESWANDERUNG UM DEN GAMSERRUGG

Gamsalp – Sattel – Gamsalp

Rundwanderung um den Gamserrugg: Von Wildhaus aus lässt man sich mit den Sesselbahnen Wildhaus–Oberdorf und Oberdorf–Gamsalp in die Höhe tragen. Im Juni führt die geologisch und botanisch abwechslungsreiche Wanderung vorerst durch ein Meer von Alpenrosen. Die Steigungen sind klein, die Ausblicke prächtig: eine ideale Halbtageswanderung.

Start und Ziel:	Bergstation Sesselbahn Oberdorf–Gamsalp
Wanderzeit:	1 3/4 Stunden
Weglänge:	5,5 km
Höhenunterschiede:	300 m
Ausrüstung:	Wanderschuhe
Gaststätten:	in Wildhaus
	Bergrestaurant Oberdorf, 071 999 12 24
	Berggasthaus Gamsalp, 071 999 10 77
Bergbahnen:	Wildhaus Bergbahnen, 071 998 50 50
Parkplätze:	bei der Talstation der Sesselbahn Wildhaus–Oberdorf
Kartenmaterial:	Landeskarte 1:25 000 Buchs (Blatt 1135)
	Wanderkarte 1:25 000 Obertoggenburg–Alpstein (Blatt 2514)

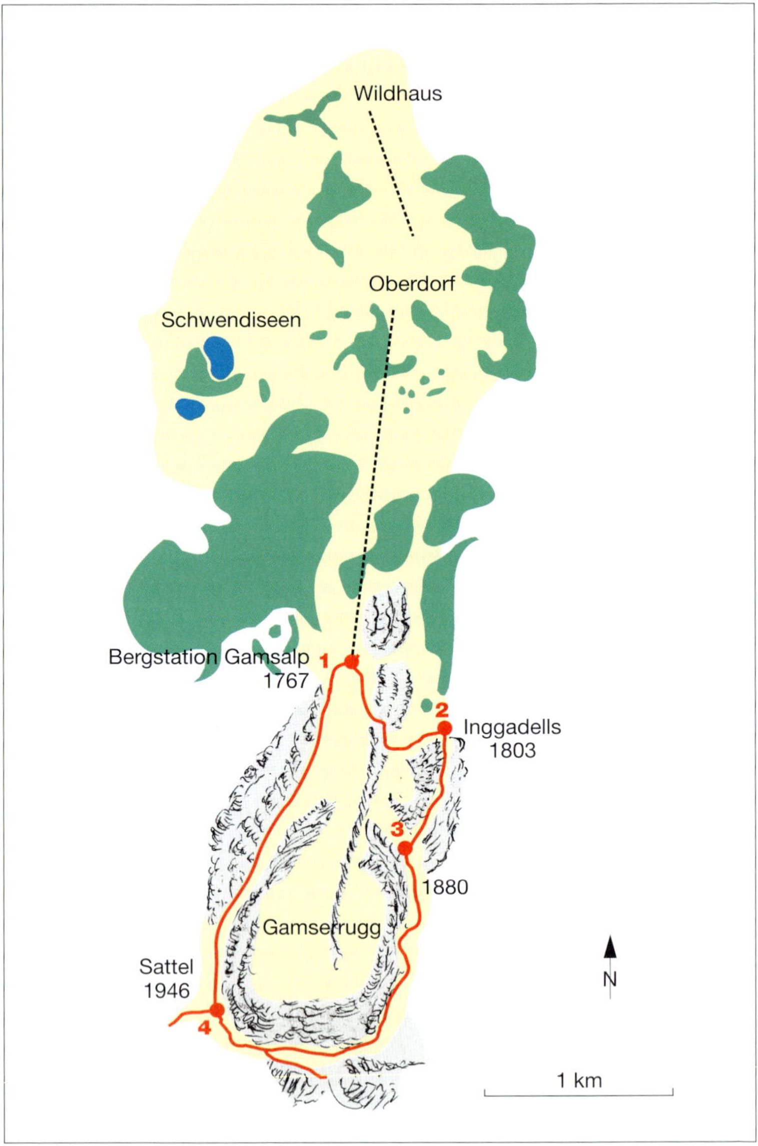

Wildhaus
Oberdorf
Schwendiseen
Bergstation Gamsalp
1767
1
2
Inggadells
1803
3
1880
Gamserrugg
Sattel
1946
4
N
1 km

1 Bergstation Gamsalp, 1767. Hier beginnt der geologische Rundweg Gamserrugg mit 14 Stationen. Der Geoweg informiert über Geologie, Biologie und Geschichte des Obertoggenburgs. Wir rollen den Rundweg quasi von hinten auf und schlagen den Weg Richtung Inggadells ein.

2 Inggadells, 1803. Nach der Alphütte verläuft der Weg in einer weiten Rechtskurve.

3 Wegverzweigung Punkt 1880. Wir wählen den oberen, in südlicher Richtung verlaufenden Weg.

4 Sattel, 1946. Auf dem Weg wieder hinunter zur Gamsalp bewundern wir linkerhand die imposanten Karrenfelder. Zwischen den Gipfeln der Churfirsten vom Gamserrug bis zum Selun liegen tiefe Karmulden. Das dort versickernde Regenwasser tritt am Fusse der Churfirsten, beim Walensee, in verschiedenen Karstquellen wieder zu Tage.

Kahler Alpendost.

Bewimperte Alpenrose.

Gamsalp, Grabs.

Inggadells, Grabs.

Inggadells, Grabs.

Blick auf Säntis und Wildhuser Schafberg.

Sattel, Grabs.

Inggadells, Grabs.

Feila, Grabs.

Toggenburger Klangweg, Station 11: Die Felsentöne.

HÖRERLEBNISSE AUF DEM KLANGWEG

Alp Selamatt – Schwendiseen – Alt St.Johann

Wanderung von der Alp Selamatt über Iltios zu den Schwendiseen. Ein Stück weit sind wir auf dem Klangweg unterwegs, wo auf spannende Weise die Entstehung und die Wirkung von Klängen erlebt werden kann. Die Wanderung bietet nicht nur etwas fürs Ohr, auch das Auge wird mit einem mächtigen Panorama verwöhnt.

Start:	Bergstation Sesselbahn Alt St.Johann–Alp Selamatt
Ziel:	Talstation Sesselbahn Alt St.Johann–Alp Selamatt
Wanderzeit:	2 1/2 Stunden
Weglänge:	9,2 km
Aufstiege:	80 m
Abstiege:	580 m
Ausrüstung:	Leichtwanderschuhe
Gaststätten:	in Alt St.Johann, Unterwasser und Schwendi Berghotel Sellamatt, 071 999 13 30 Bergrestaurant Iltios, 071 999 11 55
Parkplätze:	bei der Talstation der Sesselbahn Alt St.Johann–Alp Selamatt
Kartenmaterial:	Landeskarte 1:25 000 Walensee (Blatt 1134) Landeskarte 1:25 000 Buchs (Blatt 1135) Wanderkarte 1:25 000 Obertoggenburg–Alpstein (Blatt 2514)

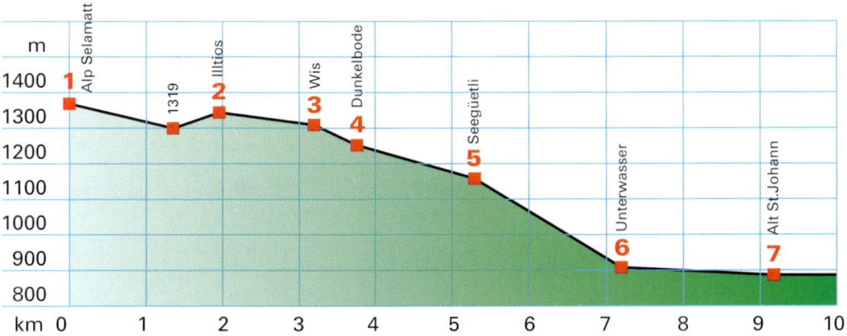

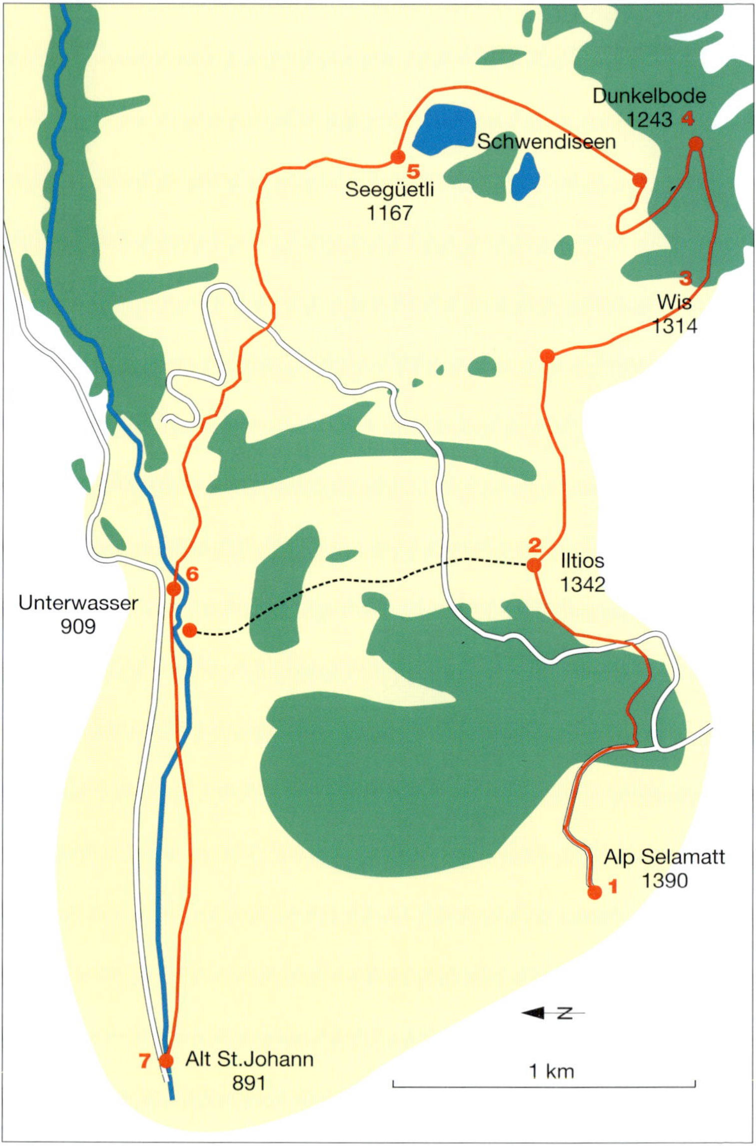
Dunkelbode
1243
4
Schwendiseen
5
Seegüetli
1167
3
Wis
1314
2
Iltios
1342
6
Unterwasser
909
Alp Selamatt
1390
1
N
7
Alt St.Johann
891
1 km

1 Alp Selamatt, 1390. Wir folgen den Klangweg-Wegweisern. Auf der Selamatt beginnt der Toggenburger Klangweg. Bis Oberdorf stehen 22 verschiedene Klangskulpturen entlang des Panorama-Wanderwegs. Alle Instrumente werden von den Wanderern selbst bespielt. Die Klangstationen animieren zum Experimentieren und Spielen mit der eigenen Stimme, mit Geräuschen und Klängen.

Auf dem Klangweg kann man hören, wie ein Baum Töne transportiert, wie Wasser klingt, wie Saiten Kuhglocken zum Schwingen bringen, welche Musik der Fels erzeugt und vieles mehr.

2 Iltios, 1342. Nach wenigen Metern auf der Teerstrasse biegt der Klangweg rechterhand auf einen Wiesenweg ab.

3 Wis, 1314.

4 Dunkelbode, 1243. Hier verlassen wir den Klang-

Wis, Alt St.Johann.

Iltios, Alt St.Johann.

Klangweg Station 7: Die Glockenbühne.

Klangweg Station 8: Der Flötenzaun.

weg, machen eine scharfe Linkskurve und steigen auf einer Waldstrasse zu den Schwendiseen hinunter.

5 Seegüetli, 1167. Hier lohnt sich ein Rundgang um die Schwendiseen. Die Wege im Naturreservat sind weitgehend auf Holzroste gelegt, so dass die Blumen- und Pflanzenvielfalt in den Sümpfen und Mooren unter Schonung der Natur bewundert werden kann. Zahlreiche Feuerstellen und Sitzplätze laden zum Verweilen ein.

6 Unterwasser, 909. Zum Teil auf der Strasse, zum Teil auf Wiesenwegen steigen wir nach Unterwasser ab.

7 Alt St.Johann, 891. Die letzten zwei Kilometer wandern wir der Thur entlang und erreichen beim Parkplatz der Talstation der Sesselbahn Alt St.Johann–Alp Selamatt den Ausgangspunkt.

Espel, Alt St.Johann.

Schwendiseen, Wildhaus.

Schwendiseen, Wildhaus.

Rosenböden, Alt St.Johann, mit Blick auf Walensee und Glarner Alpen.

EIN PARADIES FÜR BLUMENFREUNDE

Chäserrugg – Rosenböden – Chäserrugg

Eine leichte Wanderung mit vielen Erlebnismöglichkeiten. Die Rosenböden auf dem Chäserrugg bieten einmalige Panorama-Aussichten auf die umliegenden und weiter entfernten Gebirgsketten sowie auf den Walensee. Ein Blumenweg mit über 50 Tafeln erläutert die vielfältige Alpenflora, die auf den Rosenböden wächst. Jede Tafel wird direkt neben die Pflanzen in den Boden gesteckt.

Start und Ziel:	Bergstation Seilbahn Iltios-Chäserrugg
Wanderzeit:	1 Stunde
Weglänge:	3 km
Höhenunterschiede:	160 m
Ausrüstung:	Freizeitschuhe
Gaststätten:	Gipfelrestaurant Chäserrugg, 071 999 22 29
Bergbahnen:	Chäserrugg Bergbahnen, 071 999 12 07
Parkplätze:	in Unterwasser bei der Talstation der Standseilbahn Unterwasser-Iltios
Kartenmaterial:	Landeskarte 1:25 000 Walensee (Blatt 1134) Landeskarte 1:25 000 Buchs (Blatt 1135) Wanderkarte 1:25 000 Obertoggenburg–Alpstein (Blatt 2514)

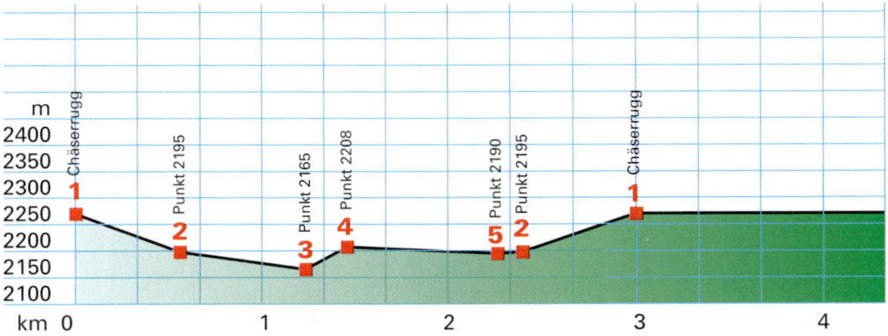

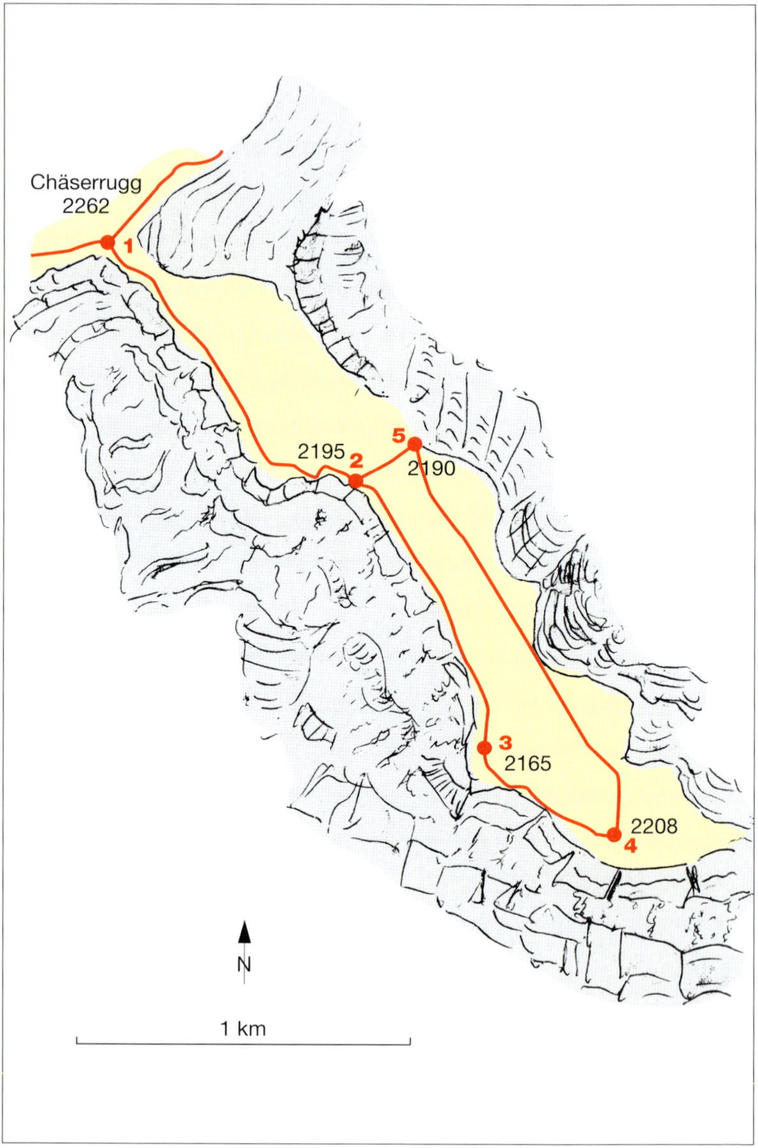
Chäserrugg
2262
1
2195
2
5
2190
3
2165
2208
4
N
1 km

1 Chäserrugg 2262. Wir schlagen den gut ausgebauten Wanderweg Richtung Rosenböden ein. Der Bergblumenlehrpfad vermittelt viel Interessantes über die Alpenflora in der Churfirstenregion.

2 Punkt 2. Wir wollen die Rosenböden im Gegenuhrzeigersinn umrunden und halten rechts.

3 Punkt 3. Verschiedene Rastplätze laden zum Picknicken ein.

4 Punkt 2208. Der äusserste Punkt der Rosenböden ist erreicht. Prächtige Aussicht auf den Voralpsee und die Alvier-Gruppe.

5 Punkt 2190. Hier zweigt der Bergweg Richtung Gamserrugg ab. Wir halten links und steigen wieder zum Chäserrugg auf.

Bergdohle.

Rosenböden, Alt St.Johann.

Kalk-Polsternelke.

Koch'scher Enzian.

Alpen-Anemone.

Wald-Schlüsselblume.

Frühlings-Anemone.

Berg-Hahnenfuss.

Rosenböden, Blick auf Chäserrugg.

Rosenböden, Blick auf Voralpsee.

Rosenböden, Alt St.Johann.

Alte Thurbrücke, Lütisburg.

EINE SANFTE THURWEG-OUVERTÜRE

Wil – Bütschwil (Thurweg, 1. Etappe)

Das Wandern auf dem Thurweg von Wil bis Wildhaus ist ein nachhaltiges Erlebnis. Der Weg ist durchgehend gut markiert. Auf der ersten Etappe von Wil bis Bütschwil führt der Weg zur Ouvertüre des Wandererlebnisses aus topografischen Gründen nur kurz der Thur entlang. Das wird sich aber ändern, je weiter wir das Toggenburg hinaufwandern, desto näher verläuft der Weg am Wasser. Landschaftlich verlieren die Wege abseits der Thur ihren Reiz aber nie.

Start:	Wil
Ziel:	Bütschwil
Wanderzeit:	4 3/4 Stunden
Weglänge:	17,6 km
Aufstiege:	460 m
Abstiege:	420 m
Ausrüstung:	Freizeitschuhe
Gaststätten:	In allen Dörfern längs der Wanderstrecke
Parkplätze:	beim Bahnhof Wil
Öffentlicher Verkehr:	mit dem Zug zurück zum Ausgangspunkt
Kartenmaterial:	Landeskarte 1:25 000 Wil (Blatt 1073) Landeskarte 1:25 000 Hörnli (Blatt 1093) Wanderkarte 1:25 000 Wil und Umgebung (Blatt 2595)

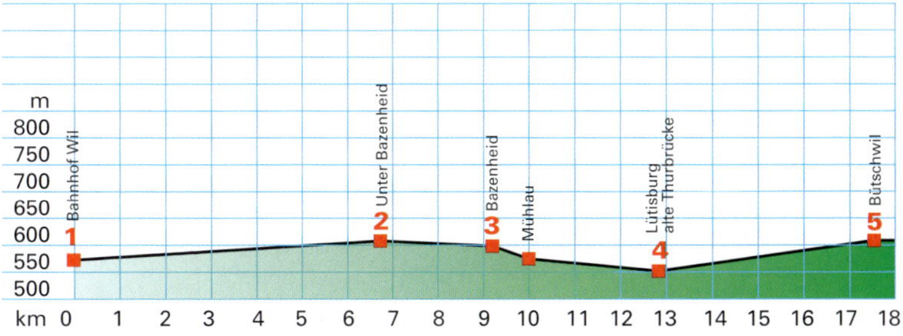

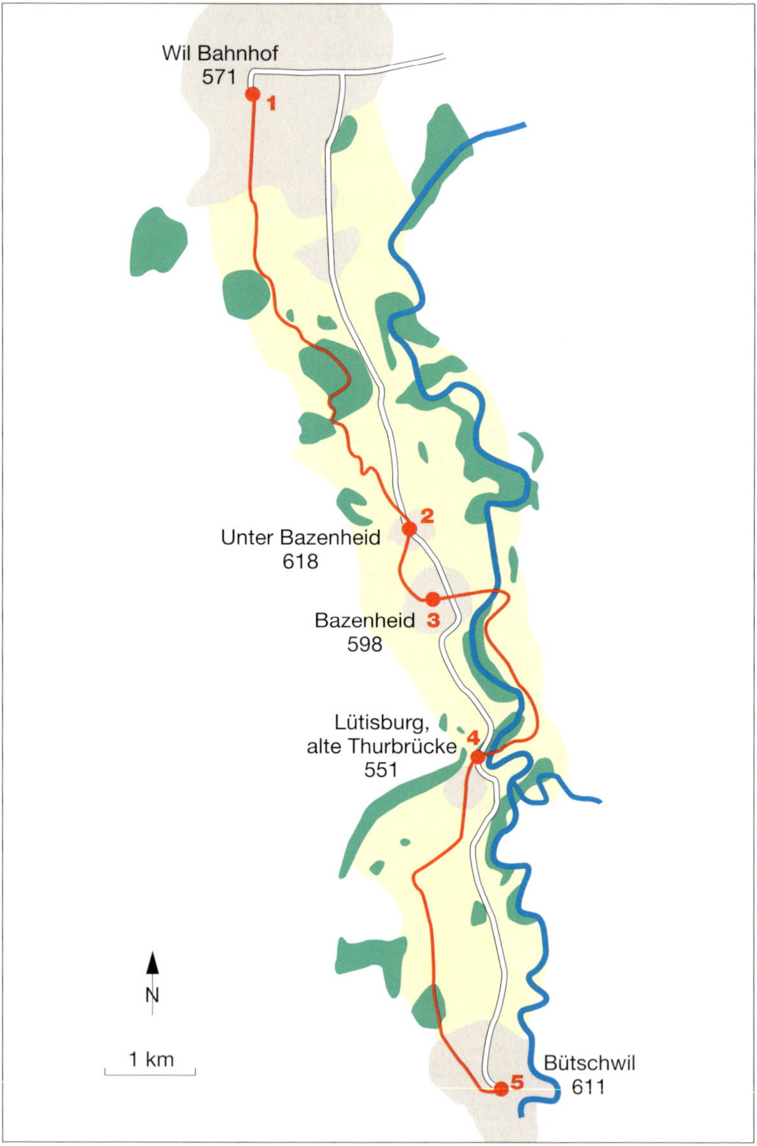
Wil Bahnhof
571
1
2
Unter Bazenheid
618
Bazenheid
3
598
Lütisburg,
alte Thurbrücke
4
551
N
1 km
5
Bütschwil
611

1 Wil, Bahnhof, 571. Vom Bahnhof Wil aus marschieren wir in südliche Richtung und verlassen die Stadt. Wir überqueren die Autobahn und gelangen für knapp zwei Kilometer auf Thurgauer Boden. Bei Rütihof betreten wir den Schatten spendenden Fetzwald und gelangen nach Unter Bazenheid.

2 Unter Bazenheid, 618. Wir folgen dem ausgeschilderten Wanderweg oder kürzen den Weg bis zum Bahnhof Bazenheid auf dem Trottoir der Hauptstrasse ab.

3 Bazenheid, 598. In Mühlau überqueren wir erstmals die Thur, durchqueren das Dorf Lütisburg und steigen zur alten Thurbrücke ab.

4 Lütisburg, alte Thurbrücke, 551. Auf der 1790 erbauten, gedeckten Holzbrücke überqueren wir die Thur zum zweiten Mal. Über uns der imposante Guggenloch-Eisenbahnviadukt. Auf dem Chapf öffnet sich der Blick auf das Etappenziel Bütschwil mit seiner behäbigen Pfarrkirche St.Kilian.

5 Bütschwil, 611.

Wil.

Rütihof, Kirchberg.

Lütisburg.

Bütschwil.

Bei Lütisburg.

Lichtensteig.

AUF DER RECHTEN FLUSSSEITE TALAUFWÄRTS

Bütschwil – Ebnat-Kappel (Thurweg, 2. Etappe)

Die zweite Etappe des Thurwegs führt praktisch ebenaus von Bütschwil nach Ebnat-Kappel. Fünfmal überqueren wir die Thur, der wir den grössten Teil auf der orografisch rechten Seite folgen (orografisch heisst: in Fliessrichtung des Flusses). Je weiter talaufwärts wir wandern, desto mehr nähert sich der Weg der Thur. Ab Lichtensteig verläuft der Wanderweg bis Unterwasser fast ausnahmslos am Ufer des Flusses.

Start:	Bütschwil
Ziel:	Ebnat-Kappel
Wanderzeit:	4 1/2 Stunden
Weglänge:	16,5 km
Aufstiege:	360 m
Abstiege:	340 m
Ausrüstung:	Freizeitschuhe
Gaststätten:	in allen Dörfern längs der Wanderstrecke
Parkplätze:	beim Bahnhof Bütschwil
Öffentlicher Verkehr:	mit dem Zug zurück zum Ausgangspunkt
Kartenmaterial:	Landeskarte 1:25 000 Hörnli (Blatt 1093) Landeskarte 1:25 000 Ricken (Blatt 1113) Landeskarte 1:25 000 Nesslau (Blatt 1114) Wanderkarte Wil und Umgebung (Blatt 2595) Wanderkarte 1:25 000 Mittleres Toggenburg–Gasterland (Blatt 2513)

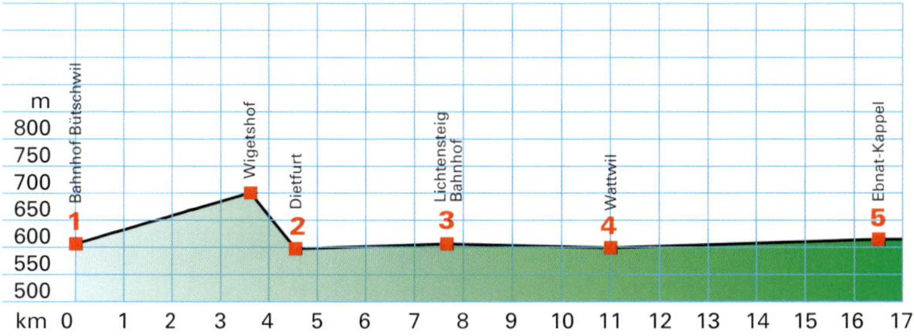

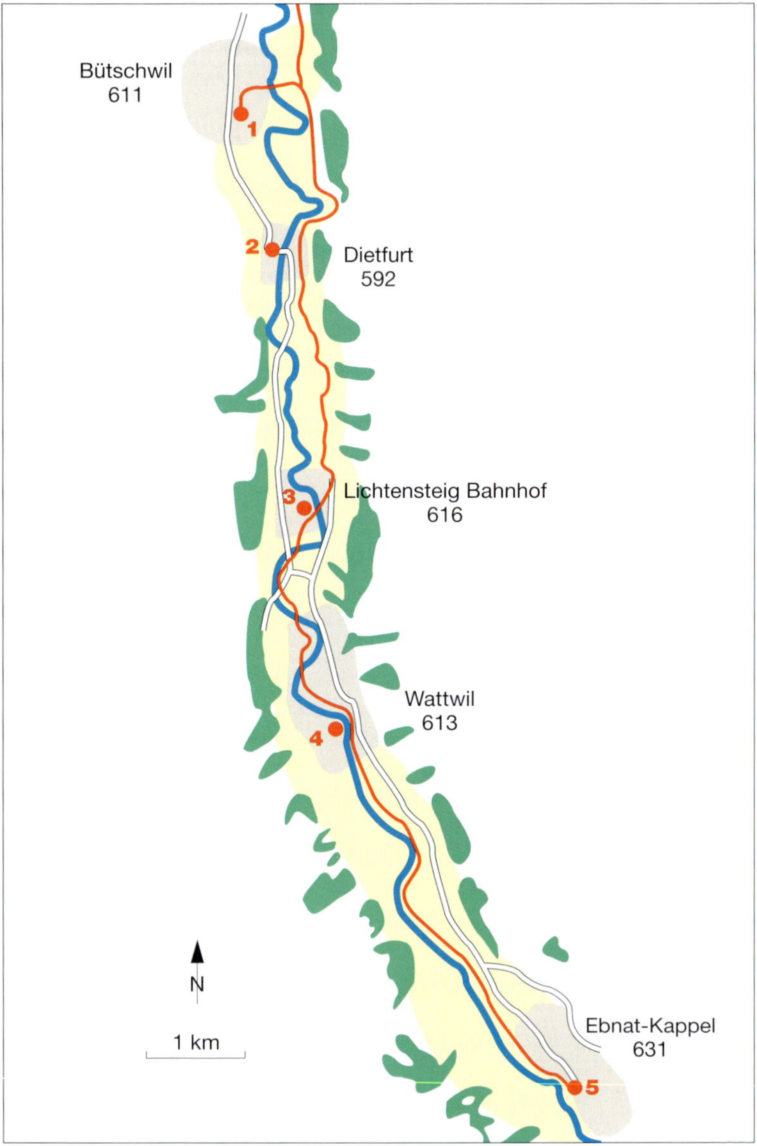
Bütschwil
611
1
2
Dietfurt
592
3
Lichtensteig Bahnhof
616
Wattwil
613
4
N
1 km
Ebnat-Kappel
631
5

1 Bütschwil, Bahnhof, 611. Wir steigen vom Bahnhof in westlicher Richtung zur Thur hinunter, die wir auf einem 1963 von der Armee erbauten Drahtsteg überqueren. In Wigetshof erreichen wir den höchsten Punkt der Etappe und steigen gegen Dietfurt hinunter.

2 Dietfurt, 592. Vor den ersten Häusern biegen wir links in einen Feldweg ein und wandern Richtung Lichtensteig.

3 Lichtensteig, Bahnhof, 616. Nach einem Augenschein im von Fachwerkhäusern und Laubengängen geprägten Städtchen steigen wir zum Bahnhof hinunter und erreichen der Thur entlang Wattwil.

4 Wattwil, 613. Der Thurweg verläuft nun unmittelbar neben dem Fluss und wird auch von Velofahrern benutzt.

5 Ebnat-Kappel, 631.

Ebnat-Kappel.

Ebnat-Kappel.

Wattwil.

Neu St.Johann, Mündung der Luteren in die Thur, im Hintergrund der Stockberg.

AUF METALLTREPPEN HÖHENMETER ÜBERWINDEN

Ebnat-Kappel – Stein (Thurweg, 3. Etappe)

Auf dem romantischen Wegabschnitt durch Wald und Wiesen zwischen Ebnat-Kappel und Krummenau rücken der Thurweg und die Thur zusammen. Die Strecke wird anspruchsvoller, weil relativ steile Passagen überwunden werden müssen. Das coupierte Gelände mündet ins Areal des Kraftwerks Krummenau, wo eine lange Metalltreppe bis zur Strasse hinaufführt.

Start:	Ebnat-Kappel
Ziel:	Stein
Wanderzeit:	4 Stunden
Weglänge:	13,8 km
Aufstiege:	500 m
Abstiege:	290 m
Ausrüstung:	Freizeitschuhe
Gaststätten:	in allen Dörfern längs der Wegstrecke
Parkplätze:	beim Bahnhof Ebnat-Kappel
Öffentlicher Verkehr:	mit Postauto und Zug zurück zum Ausgangspunkt
Kartenmaterial:	Landeskarte 1:25 000 Nesslau (Blatt 1114) Landeskarte 1:25 000 Walensee (Blatt 1134) Wanderkarte 1:25 000 Mittleres Toggenburg–Gasterland (Blatt 2513)

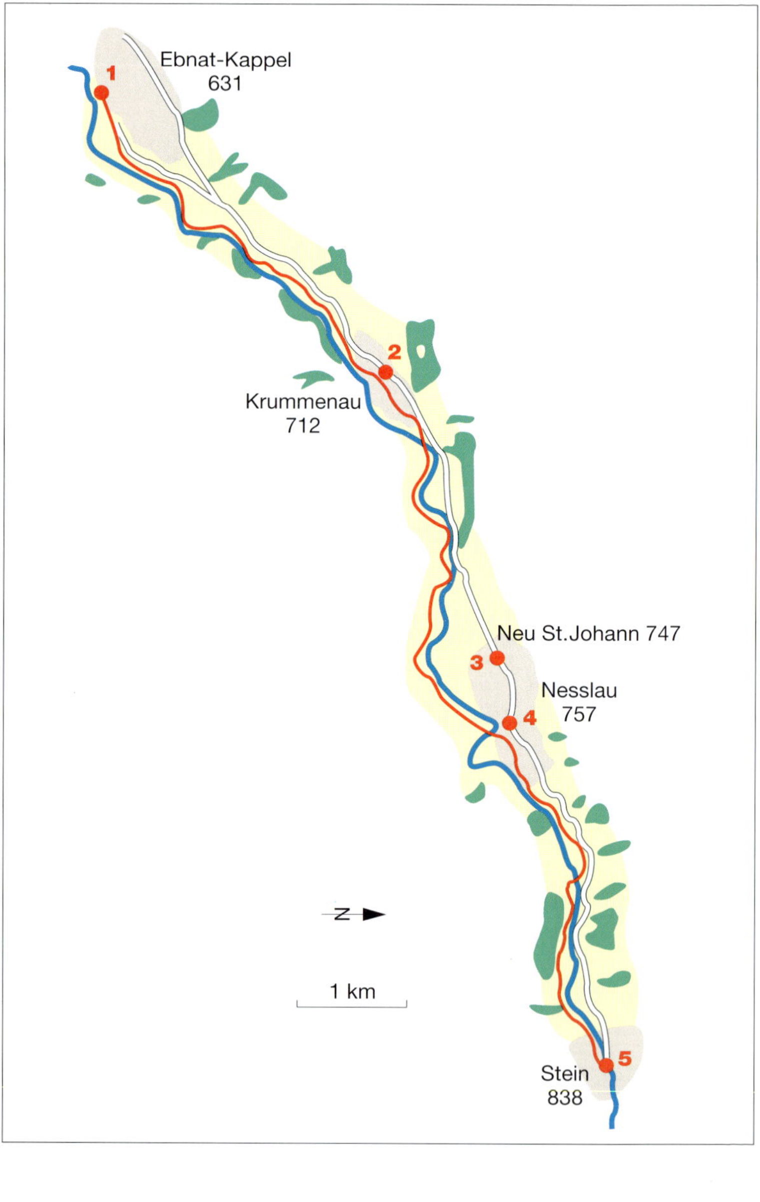
Ebnat-Kappel
631
1
2
Krummenau
712
Neu St.Johann 747
3
Nesslau
757
4
N
1 km
5
Stein
838

1 Ebnat-Kappel, 631. Ausgangs des Dorfes kommen wir an der neuen gedeckten Holzbrücke im Brandholz vorbei. Verschiedene Feuerstellen laden zum Bräteln ein. Nun macht der Weg seinem Namen alle Ehre. Er führt über steile Treppen, tief unter uns rauscht die Thur und stürzt über Nagelfluhbänke. Vorbei am Kraftwerk Trempel erreichen wir Krummenau.

2 Krummenau, 712. Ab Krummenau wird das Tal weiter und es eröffnet sich uns das Churfirstenpanorama. Linkerhand erhaschen wir durch das Tal der Luteren Einblicke in den Alpstein.

3 Neu St.Johann, 747. Im Wechsel führt der Weg der Thur entlang durch Wiesen und Wäldchen, bis wir in Neu St.Johann auf einem Inselchen die Kapelle des Johanneums erreichen, wo mehrere Picknickplätze Gelegenheit zur Rast bieten.

4 Nesslau, 757. Bei Nesslau überqueren wir die Thur und wandern auf der rechten Flussseite den Giessenfällen zu.

5 Stein, 838. Nach Germen wechseln wir auf dieser Etappe zum letzten Mal die Flussseite und erreichen das Etappenziel Stein.

Brandholz, Ebnat-Kappel.

Giessenfälle, Nesslau.

Inseli, Neu St.Johann.

Neu St.Johann.

Thur beim Steinbruch Starkenbach, Alt St.Johann.

DURCH DIE TALSOHLE DES OBERTOGGENBURGS

Stein – Wildhaus (Thurweg, 4. Etappe)

Auf dem vierten und letzten Thurweg-Abschnitt von Stein nach Wildhaus nähern sich die das Toggenburg begrenzenden Berge immer mehr der Thur: Im Osten der Wildhuser Schafberg, auf der Sonnenseite der Alpstein mit dem Säntis, auf der Schattenseite die Churfirsten. Die Thur nimmt an Volumen merklich ab, um sich als Bächlein schliesslich in den Quellgebieten von Wildhuser Thur und Säntisthur zu verlieren. Ab Unterwasser verläuft der Thurweg ein gutes Stück auf dem Trottoir entlang der Autostrasse.

Start:	Stein
Ziel:	Wildhaus
Wanderzeit:	3 1/4 Stunden
Weglänge:	11,5 km
Aufstiege:	420 m
Abstiege:	170 m
Ausrüstung:	Freizeitschuhe
Gaststätten:	in allen Dörfern längs der Wanderroute
Parkplätze:	in Stein
Öffentlicher Verkehr:	mit dem Postauto zurück zum Ausgangspunkt
Kartenmaterial:	Landeskarte 1:25 000 Walensee (Blatt 1134) Landeskarte 1:25 000 Buchs (Blatt 1135) Wanderkarte 1:25 000 Obertoggenburg–Alpstein (Blatt 2514)

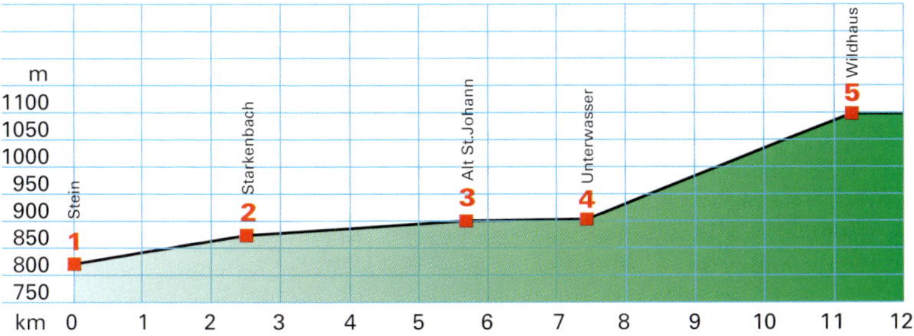

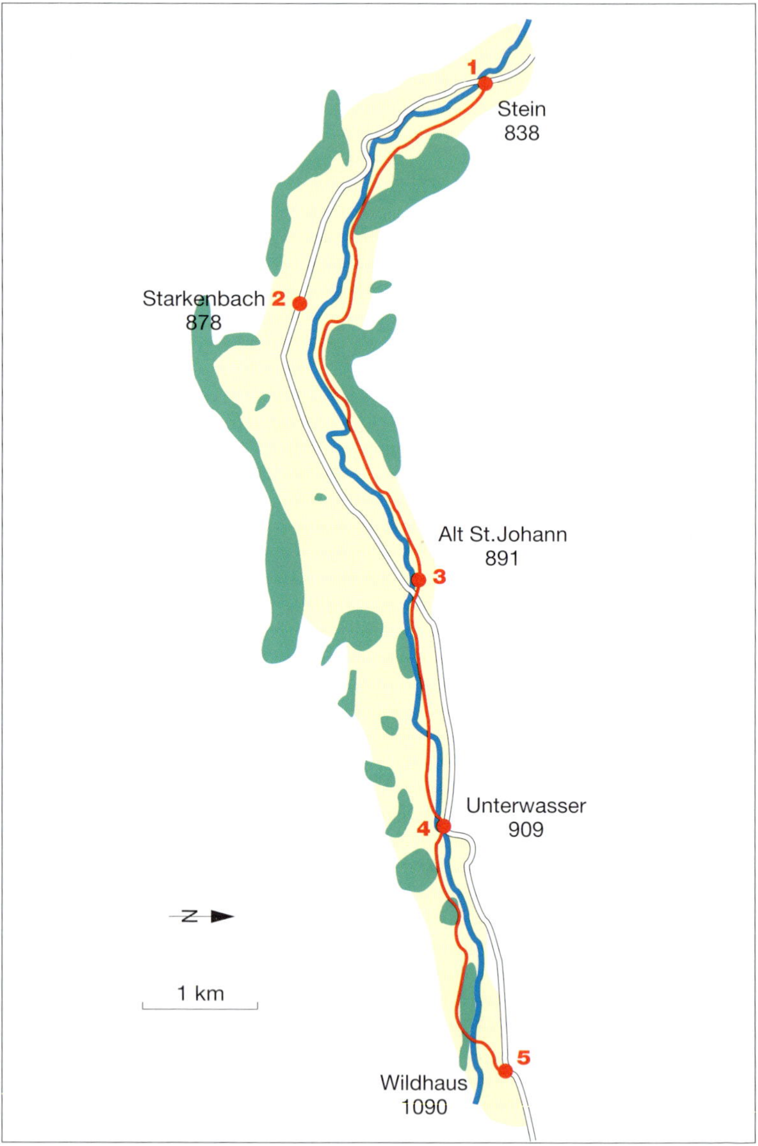
1
Stein
838
Starkenbach 2
878
Alt St.Johann
891
3
Unterwasser
909
4
N
1 km
5
Wildhaus
1090

1 Stein, 838. Wir überqueren die Thur mitten im Dorf und biegen nach rechts auf die Talstrasse ein. Über Gugger und Iltishag erklimmen wir die Geländestufe bei Starkenbach.

2 Starkenbach, 878. Auf der Höhe des Kieswerks zwängt sich die Thur in einer Schlucht durch die Nagelfluhfelsen. Nun weitet sich der Talboden von Alt St.Johann und Unterwasser. Wir bleiben auf der rechten Talseite und lassen die junge Thur neben uns mäandrieren.

3 Alt St.Johann, 891. Vor der Kirche und dem Propsteigebäude der ehemaligen Benediktinerabtei Alt St.Johann überqueren wir die Thur.

4 Unterwasser, 909. Beim Weiler Chlostobel verabschieden wir uns von der Thur und machen uns auf den Weg zum Endziel des Thurwegs.

5 Wildhaus, 1090.

Alt St.Johann.

Wildhaus.

Horb, Alt St.Johann.

First, Amden, im Hintergrund Flügenspitz, Gulmen und Speer.

KONDITIONSTEST AUF DEM HÖHENWEG

Wildhaus – Arvenbüel (Höhenweg, 1. Etappe)

Vorerst führt die konditionell anspruchsvolle Wanderung über die den sieben Churfirsten vorgelagerten Alpweiden. Ab den Seluner Alpen wird der Weg steiler und die Landschaft rauer. Einige ausgesetzte Stellen unter dem Leistchamm erfordern trittsichere und schwindelfreie Wanderer. Ist dieser Felsabbruch überwunden, gehts auf gut ausgebauten Bergwegen hinunter nach Arvenbüel.

Start:	Wildhaus
Ziel:	Arvenbüel
Wanderzeit:	7 Stunden
Weglänge:	20,6 km
Aufstiege:	1170 m
Abstiege:	1350 m
Ausrüstung:	Wanderschuhe
Gaststätten:	in Wildhaus und Arvenbüel (Übernachtung)) Bergrestaurant Iltios, 071 999 11 55 Alpwirtschaften Strichboden, Ochsenhütte, 079 253 90 56, und Looch
Kartenmaterial:	Landeskarte 1:25 000 Buchs (Blatt 1135) Landeskarte 1:25 000 Walensee (Blatt 1134) Wanderkarte 1:25 000 Mittleres Toggenburg – Gasterland (Blatt 2513) Wanderkarte 1:25 000 Obertoggenburg – Alpstein (Blatt 2514)

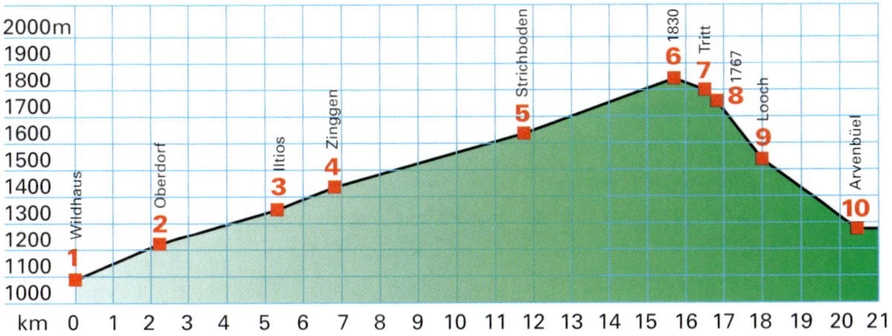

10 Arvenbüel 1273
9 Looch 1535
8 1767
Leistchamm
Tritt 1800 7
6 1830
Nägeli-
berg
Schären
Wart
Selun
Frümsel
Brisi
Zuestoll
Schibenstoll
Hinderrugg
Chäserrugg
Gamserrugg
5 Strichboden 1636
4 Zinggen 1433
3 Iltios 1342
2 Oberdorf 1221
1 Wildhaus 1090
N
1 km

1 Wildhaus, 1090. Wir haben eine weite Wanderung vor uns und lassen uns von der Sesselbahn in die Höhe tragen.

2 Oberdorf, 1221. Weg Richtung Iltios einschlagen.

3 Iltios, 1342. Ein kurzes Stück folgen wir dem Klangweg, gehen dann jedoch direkt auf das Wegkreuz Zinggen zu.

4 Zinggen, 1433. Wir lassen die Alp Selamatt rechts liegen.

5 Strichboden, 1636. Die Alpwirtschaft lädt zur Einkehr.

6 Punkt 1830. Der Weg führt über den Glattchamm, wir wählen die abwärts führende Route.

7 Tritt, 1800. Wir überqueren einen mit Drahtseilen gesicherten Felsabbruch.

8 Punkt 1767. Hier zweigt der Weg auf den Leistchamm ab, wir wählen den Weg hinunter zum First. Der kleine Pass trennt die Mattstockgruppe von den Churfirsten.

9 Looch, 1535. Kurz vor dem Ziel bietet die Alpwirtschaft die Möglichkeit zur Rast.

10 Arvenbüel, 1273. Auf schönen Wiesenwegen gehts dem Etappenziel entgegen.

Selamatt, Alt St.Johann.

Iltios, Alt St.Johann.

Strichboden, Alt St.Johann.

Lochhütte, Alt St.Johann.

Speer, Amden, Blick nach Westen, im Hintergrund Obersee und Zürichsee.

MITTAGSRAST AUF DER RIGI DER OSTSCHWEIZ

Arvenbüel – Tanzboden (Höhenweg, 2. Etappe)

Höhepunkt der zweiten Etappe auf dem Toggenburger Höhenweg bildet im wahrsten Sinne des Worts die Besteigung des Speers. Der höchste Nagelfluhgipfel in der Mattstockgruppe und in Europa wird auch gerne als Rigi der Ostschweiz bezeichnet. Die Aussicht ist einmalig: Sie reicht über weite Teile der Alpen bis zum Bodensee und über den Schwarzwald bis zum Neuenburger Jura.

Start:	Arvenbühl
Ziel:	Tanzboden
Wanderzeit:	7 Stunden
Weglänge:	19,1 km
Aufstiege:	1350 m
Abstiege:	1180 m
Ausrüstung:	Wanderschuhe
Gaststätten:	Alpwirtschaft Altschen Alpwirtschaft Furgglen Alpwirtschaft Oberchäseren, 055 611 11 71 Alpwirtschaft Tanzboden, 18 Schlafplätze im Matratzenlager, 055 283 12 18
Kartenmaterial:	Landeskarte 1:25 000 Walensee (Blatt 1134) Landeskarte 1:25 000 Nesslau (Blatt 1114) Wanderkarte 1:25 000 Mittleres Toggenburg–Gasterland (Blatt 2513)

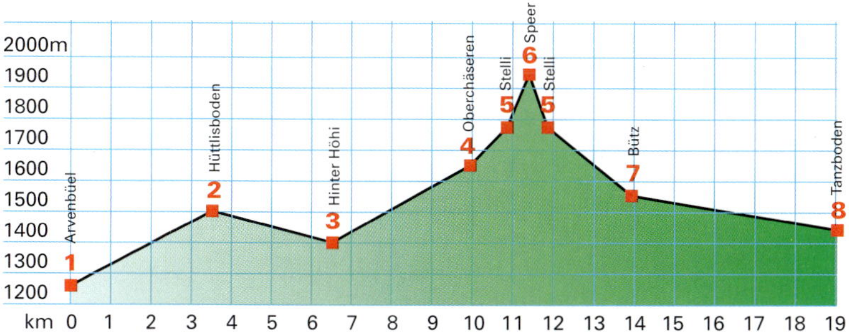

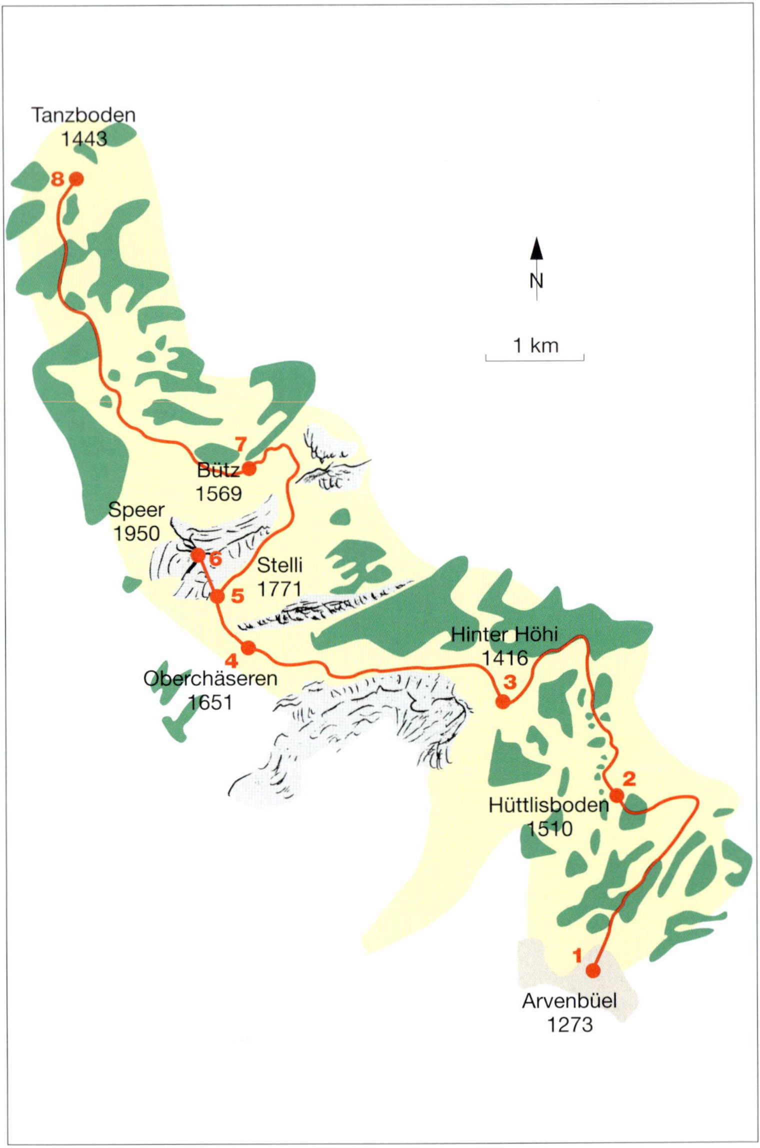
Tanzboden
1443
8
N
1 km
7
Bütz
1569
Speer
1950
6
Stelli
1771
5
Hinter Höhi
1416
4
Oberchäseren
1651
3
2
Hüttlisboden
1510
1
Arvenbüel
1273

1 Arvenbüel, 1273. Auf dem Weg zur Vorder Höhi biegen wir nach Altschen von der geteerten Alpstrasse auf einen Wiesenweg nach Hüttlisboden ein.

2 Hüttlisboden, 1510. Über Furgglen gehts auf einem gut ausgebauten Weg zur Hinter Höhi.

3 Hinter Höhi, 1416. Wir treffen auf dem von Amden her kommenden Weg zum Speer.

4 Ocherchäseren, 1651. Ab Vordermatt sind auf kurzer Strecke 200 Höhenmeter zu überwinden.

5 Stelli, 1771. Eine knappe halbe Stunde trennen uns noch vom Speer. Wer auf den Gipfel verzichten will, schlägt den Weg Richtung Nesslau ein.

6 Speer, 1950. Bis Stelli denselben Weg wieder zurück, dann links Richtung Nesslau halten. Beim Leiterli sind einige ausgesetzte Stellen mit Drahtseilen gesichert.

7 Bütz, 1569. Bei der Alphütte gehts linkerhand Richtung Tanzboden.

8 Tanzboden, 1443. Bei Usser Gheist erreichen wir die Krete der Hügelkette und wandern auf der Westseite dem Etappenziel entgegen.

Vordermatt, Amden.

Vogelbeerbaum.

Speer, Amden.

Speer, Amden.

Oberchäseren, Amden, im Hintergrund der Speer.

Oberchäseren, Amden, im Hintergrund der Mattstock.

Leiterli, Nesslau, im Hintergrund der Speer.

Tanzboden, Rieden.

Regelstein, Ebnat-Kappel.

SANFTE RASENKUPPEN STATT FELSIGE GIPFEL

Tanzboden – Chrüzegg (Höhenweg, 3. Etappe)

Nach den zwei ersten, körperlich strengen Etappen gibt sich die dritte Etappe gemässigter. Die felsigen Gipfel verwandeln sich in Rasenkuppen und in sanftem Auf und Ab gehts über Wiesen und durch Wälder über den Regelstein nach Ricken. Einzig nach Oberricken sehen wir uns auf dem Weg zum Vorderen Rotstein mit einem ruppigen Aufstieg konfrontiert. Danach gehts wieder gemütlich weiter bis auf die Chrüzegg.

Start:	Tanzboden
Ziel:	Chrüzegg
Wanderzeit:	5 1/4 Stunden
Weglänge:	15,5 km
Aufstiege:	810 m
Abstiege:	990 m
Ausrüstung:	Wanderschuhe
Gaststätten:	in Ricken
	Alpwirtschaft Oberbächen, 079 695 33 23
	Bergwirtschaft Hüttenberg, 055 284 14 57
	Berggasthaus Chrüzegg, 055 284 54 84 oder 071 988 81 83
Kartenmaterial:	Landeskarte 1:25 000 Nesslau (Blatt 1114)
	Landeskarte 1:25 000 Ricken (Blatt 1113)

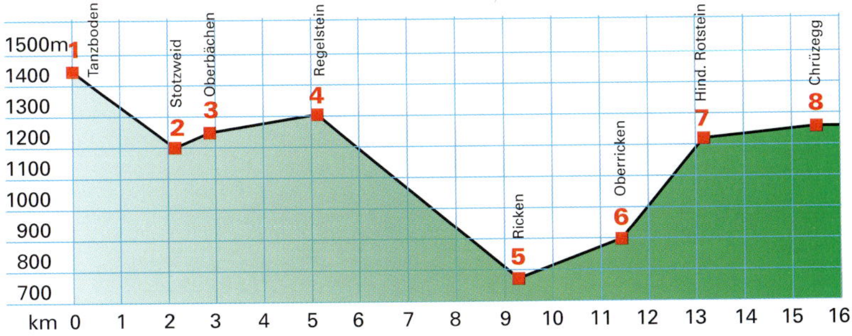

8
Chrüzegg
1265
7
Hind. Rotstein
1223
Atzmännig
Walde
6
Oberricken 906
5
Ricken 780
4
Regelstein
1315
3
Oberbächen 1242
2
Stotzweid 1197
1
Tanzboden
1433
N
1 km

1 Tanzboden, 1443. Wir steigen nordwärts vom Tanzboden ab.

2 Stotzweid, 1197. Wir halten links und betreten den Bächenwald.

3 Oberbächen, 1242. Der Wanderweg führt durch die Gartenwirtschaft, Zeit zur Einkehr.

4 Regelstein, 1315. Der letzte freistehende Gipfel im Höhenzug vom Speer zum Ricken. Der Regulastein, ein mit einem grossen Holzkreuz markierter Findling liegt etwa 250 Meter westlich.

5 Ricken, 780. Durch den Cholwald erreichen wir Ricken, wo wir die Kantonsstrasse überqueren und auf der Teerstrasse nach Oberricken gelangen.

6 Oberricken, 906. Nun gehts bergauf. Auf halber Strecke zum Vorderen Rotstein bietet die Alpwirtschaft Hüttenberg Speis und Trank an.

7 Hind. Rotstein, 1223. Wir wählen den direkten Weg zur Oberen Tweralp, der westlich des Tweralpspitzes verläuft.

8 Chrüzegg, 1265. Nach einer letzten kleinen Gegensteigung erreichen wir das Etappenziel.

Tanzboden, Rieden.

Gubelspitz, Rieden.

Bächenwald, Rieden.

Bächenwald, Rieden.

Habrütispitz, Goldingen.

AUF DER GRENZE ZUM TÖSSTAL

Chrüzegg – Mühlrüti (Höhenweg, 4. Etappe)

Zum Auftakt begleiten wir ein Stück weit den Geoweg Chrüzegg. Tafeln geben den interessierten Wanderern Einblick in die Entstehung der Landschaft und bringen sie zum Staunen und Nachdenken. Die Wanderung verläuft entlang der Grenze zum Tösstal und auf dem Schnebelhorn stehen wir auf dem höchsten Punkt des Kantons Zürich.

Start:	Chrüzegg
Ziel:	Mühlrüti
Wanderzeit:	4 1/2 Stunden
Weglänge:	13,5 km
Aufstiege:	520 m
Abstiege:	1030 m
Ausrüstung:	Wanderschuhe
Gaststätten:	in Mühlrüti
	Alpwirtschaft Schindelberg, 055 284 11 37
	Restaurant Hulftegg, 071 983 33 66
Kartenmaterial:	Landeskarte 1:25 000 Ricken (Blatt 1113)
	Landeskarte 1:25 000 Hörnli (Blatt 1093)

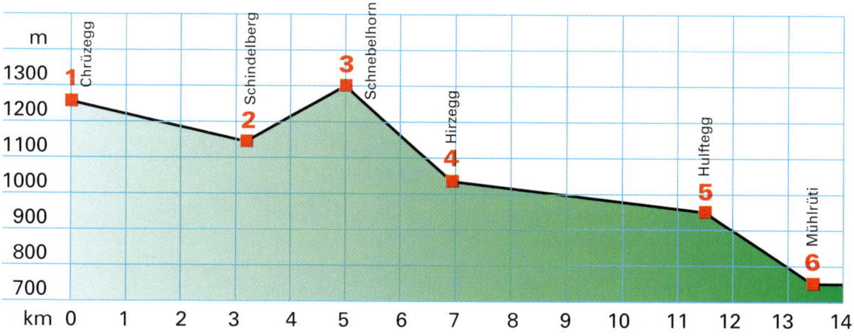

6
Mühlrüti
758
Hulftegg
953
5
4
Hirzegg
1040
Schnebelhorn
3
1291
N
Schindelberg
2
1154
1 km
Chrüzegg
1265
1

1 Chrüzegg, 1265. Zum Start gehts wenige Meter neben dem Gasthaus auf den Chrüzegg-Gipfel, der als höchster Punkt der Kette 22 Meter höher liegt als das Schnebelhorn. Auf schönen Alp- und Waldwegen erreichen wir die Alpwirtschaft Schindelberg.

2 Schindelberg, 1154. Auf Nagelfluhrippen gehts empor zum höchsten Punkt des Kantons Zürich.

3 Schnebelhorn, 1291.

4 Hirzegg, 1040. Sanft verlieren wir Höhe und nähern uns nach vier Tagen Wandern über der 1000-Meter-Grenze den Niederungen.

5 Hulftegg, 953. Auf einer Forststrasse erreichen wir die Hulftegg.

6 Mühlrüti, 758. Nach einigen Metern auf der Autostrasse biegt der Wanderweg rechts ab und wir erreichen auf einem Wiesenweg das Etappenziel.

Chrüzegg, Mosnang.

Hulftegg, Mosnang.

Chrüzegg, Mosnang.

Chümibarren, Goldingen.

In den Brüchen, Mosnang.

Schnebelhorn, Mosnang.

Giessenfall, Kirchberg.

DES HÖHENWANDERERS AUSLAUF IM FLACHEN

Mühlrüti – Wil (Höhenweg, 5. Etappe)

Die letzte Höhenwegetappe von Mühlrüti nach Wil läuft im Flachen aus. Die Landschaft ist jedoch keineswegs minder reizvoll als auf den hinter uns liegenden vier Etappen. Auf gut markierten Wegen führt die Route durch Wälder und Wiesen und wer noch über Kraftreserven verfügt, macht einen Umweg über die St. Iddaburg.

Start:	Mühlrüti
Ziel:	Wil
Wanderzeit:	4 1/2 Stunden
Weglänge:	17,1 km
Aufstiege:	460 m
Abstiege:	650 m
Ausrüstung:	Leichtwanderschuhe
Gaststätten:	in den Dörfern entlang der Wanderstrecke
Kartenmaterial:	Landeskarte 1:25 000 Hörnli (Blatt 1093) Landeskarte 1:25 000 Wil (Blatt 1073) Wanderkarte 1:25 000 Wil und Umgebung (Blatt 2595)

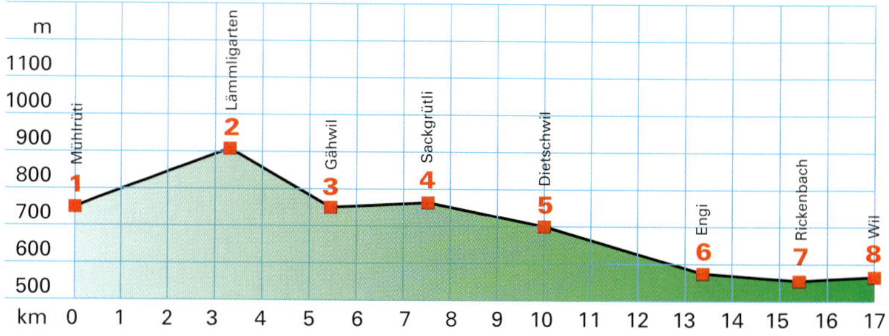

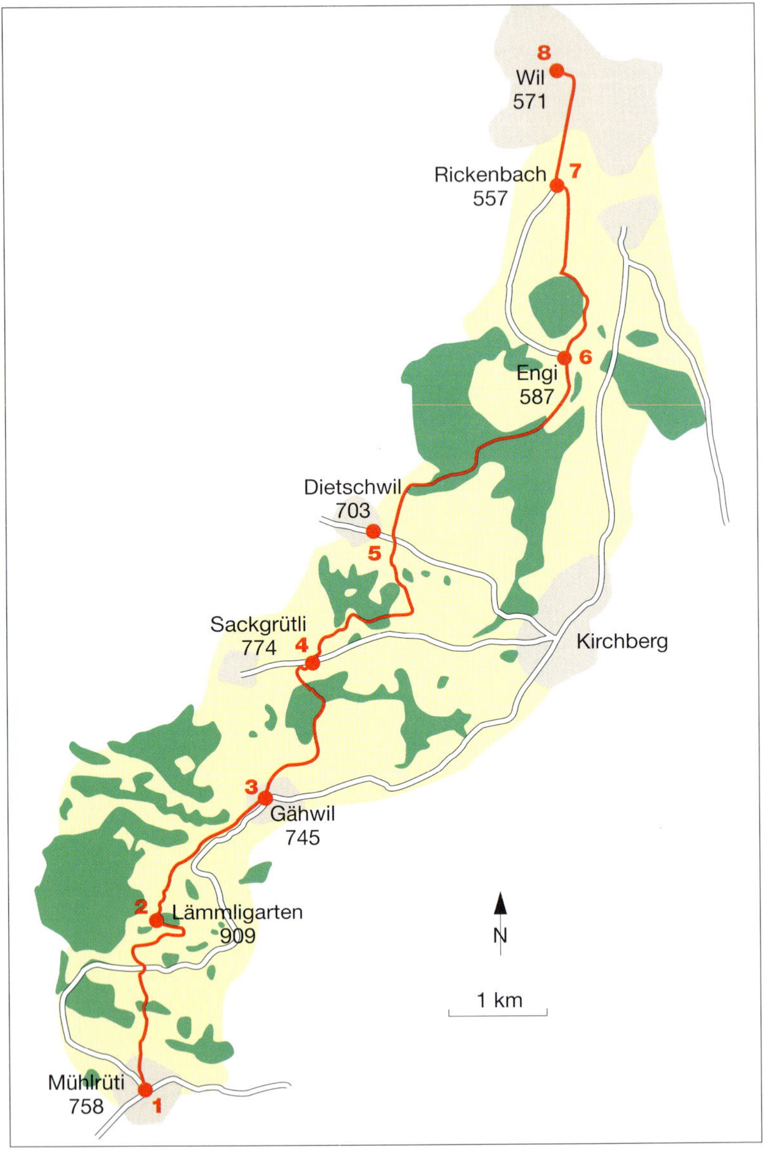
8
Wil
571
Rickenbach
557
7
6
Engi
587
Dietschwil
703
5
Sackgrütli
774
4
Kirchberg
3
Gähwil
745
2
Lämmligarten
909
N
1 km
Mühlrüti
758
1

1 Mühlrüti, 758. Wir starten genau nach Norden und erreichen über Egghof und Hintersenis den Punkt Lämmligarten.

2 Lämmligarten, 909. Wer der St.Iddaburg einen Besuch abstatten will, geht auf der Strasse geradeaus weiter. Die andern steigen gegen Gähwil hinunter.

3 Gähwil, 745. Es geht weiter nordwärts, in Sackgrütli treffen wir auf die Autostrasse.

4 Sackgrütli, 774. Nach einigen Metern auf der Strasse links Richtung Dietschwil halten.

5 Dietschwil, 703. Einen halben Kilometer ausserhalb des Dorfes stürzt beim Giessenfall der Altbach über ein 10 Meter hohes Nagelfluhband.

6 Engi, 587. Beim Wuereholz treffen wir auf den Thurweg.

7 Rickenbach, 557. Die Zivilisation hat uns wieder.

8 Wil, 571. Auf der Strasse zum Bahnhof.

Wil.

Mühlrüti.

Fros, Wildhaus.

TOURISTISCHE INFORMATIONSSTELLEN

Toggenburg Tourismus, 9658 Wildhaus
071 999 99 11, www.toggenburg.org, info@toggenburg.org

Kurverein Alt St.Johann–Unterwasser, 9657 Unterwasser
071 999 19 23, www.altstjohann.ch, unterwasser@toggenburg.org

Verkehrsverein Brunnadern, 9125 Brunnadern
071 375 68 10, www.brunnadern.ch, bahnhof.brunnadern-neckertal@sob.ch

Gemeindeverwaltung Bütschwil, 9606 Bütschwil
071 982 82 22, www.buetschwil.ch, info@buetschwil.ch

Gemeindeverwaltung Degersheim, 9113 Degersheim
071 372 07 07, www.degersheim.ch, gemeinde@degersheim.ch

Tourist-Info Ebnat-Kappel, 9642 Ebnat-Kappel
071 993 29 11, www.ebnat-kappel.ch, ebnat-kappel@toggenburg.org

Tourist-Info Hemberg–Bächli, 9633 Hemberg
071 377 11 44, www.hemberg.ch, tourist-info@hemberg.ch

Gemeindeverwaltung Krinau, 9622 Krinau
071 988 35 35, www.krinau.ch, k.mayr@dierig.ch

Verkehrsverein Lichtensteig, 9620 Lichtensteig
071 988 61 11, www.lichtensteig.ch, info@reisebuero-lichtensteig.ch

Verkehrsverein Lütisburg, 9604 Lütisburg
071 932 52 62, www.luetisburg.ch, gemeinde@luetisburg.ch

Verkehrsverein Mogelsberg, 9122 Mogelsberg
071 374 11 88, www.mogelsberg.ch, mogelsberg@toggenburg.org

Verkehrsverein Mosnang, 9607 Mosnang
071 982 70 70, www.mosnang.ch, info@mosnang.ch

Tourist-Info Neckertal, 9122 Mogelsberg
071 379 00 50, neckertal@toggenburg.org

Tourist-Info Nesslau-Krummenau, 9650 Nesslau
071 994 17 22, neustjohann@toggenburg.org

Gemeindeverwaltung St.Peterzell, 9127 St.Peterzell
071 377 13 24, www.stpeterzell.ch, info@stpeterzell.ch

Touristikinformation Stein, 9655 Stein
071 994 11 68, www.stein-sg.ch, f.rechsteiner@gmx.ch

Tourist-Info Unterwasser, 9657 Unterwasser
071 999 19 23, unterwasser@toggenburg.org

Verkehrsbüro Wattwil, 9630 Wattwil
071 987 55 51, www.wattwil.ch, cornel.schmid@wattwil.ch

Tourist-Info Wil, 9500 Wil
071 913 70 00, touristinfo@stadtwil.ch

Wildhaus Tourismus, 9658 Wildhaus
071 999 27 27, wildhaus@toggenburg.org

BERGBAHNEN UND ÖFFENTLICHER VERKEHR

Bergbahnen Alp Selamatt
Sportanlagen Alt St.Johann–Sellamatt AG, 9656 Alt St.Johann
071 999 11 75, www.sellamatt.ch, bergbahnen@sellamatt.ch

Sportbahnen Krummenau–Wolzenalp
9643 Krummenau
071 994 11 61, www.wolzen.ch, f.frueh@bluewin.ch

Chäserrugg-Bergbahnen
Bergbahnen Unterwasser–Iltios–Chäserrugg AG BUIC, 9657 Unterwasser
071 999 12 07, www.chaeserrugg.ch, info@chaeserrugg.ch

Gondelbahn Wildhaus–Gamplüt
Bergrestaurant Gamplüt, 9658 Wildhaus
071 999 21 72, garage-koller@bluewin.ch

Wildhaus Bergbahnen
Sesselbahn & Skilift AG, 9658 Wildhaus
071 998 50 50, www.wildhausbahnen.ch, info@wildhausbahnen.ch

Postauto
Reservationen und Auskünfte
Bahnhof SOB Nesslau–Neu St.Johann, 9650 Nesslau, 071 375 68 92
www.postauto.ch

SOB
Südostbahn AG, 9001 St.Gallen, 071 228 23 23
www.suedostbahn.ch

SBB
0900 300 300, www.sbb.ch

Oberstofel, Alt St. Johann.

VERSCHIEDENE ADRESSEN

Klangwelt Toggenburg
9657 Unterwasser, 071 988 77 20, www.klangwelt.ch

Kantonal st.gallische Wanderwege
9652 Neu St.Johann, 071 994 29 11, www.sg-wanderwege.ch,
info@sg-wanderwege.ch

www.swisshiking.ch
Die Site der Schweizer Wanderwege SAW.

www.sac-cas.ch
Die Site des Schweizer Alpen-Clubs SAC.

www.meteoschweiz.ch
Die Site für Wetterprognosen und aktuelle Wetterradarbilder.

www.swisstopo.ch
Die Site des Bundesamts für Landestopografie.

DIE AUTOREN

Marcel Steiner, 1954, erfahrener Wanderer im Appenzellerland und im Toggenburg sowie auf Weitwanderwegen quer durch die Schweiz. Er ist seit 30 Jahren publizistisch tätig und steht als Geschäftsleiter und Verleger der Appenzeller Medienhaus AG in Herisau sowie der Buchdruckerei Wattwil AG vor. Er wohnt in Schwellbrunn.

Hanspeter Steidle, 1937, ist ein profunder Kenner des Toggenburgs und führt als passionierter Berggänger und Botaniker regelmässig Blumentouren in alpinen Regionen durch. Er war über 40 Jahre als Entwicklungsleiter von kosmetisch-pharmazeutischen Produkten bei der Biokosma AG in Ebnat-Kappel tätig. Er wohnt in Ebnat-Kappel.